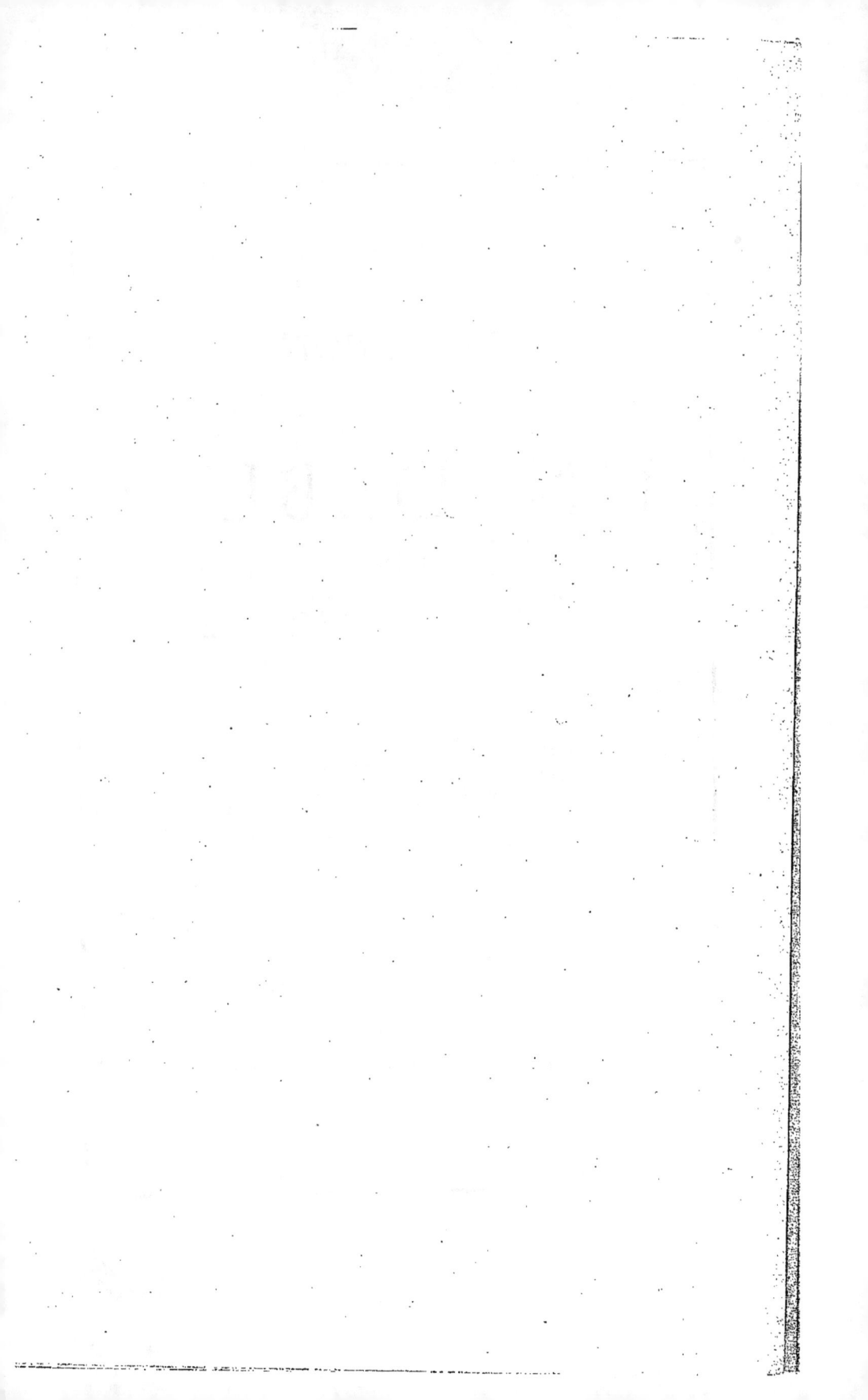

BIBLIOTHÈQUE CONTEMPORAINE

JULES SANDEAU

UN DÉBUT

DANS

LA MAGISTRATURE

M L

PARIS

MICHEL LÉVY FRÈRES, LIBRAIRES-ÉDITEURS

RUE VIVIENNE, 2 BIS, ET BOULEVARD DES ITALIENS, 15

A LA LIBRAIRIE NOUVELLE

1862

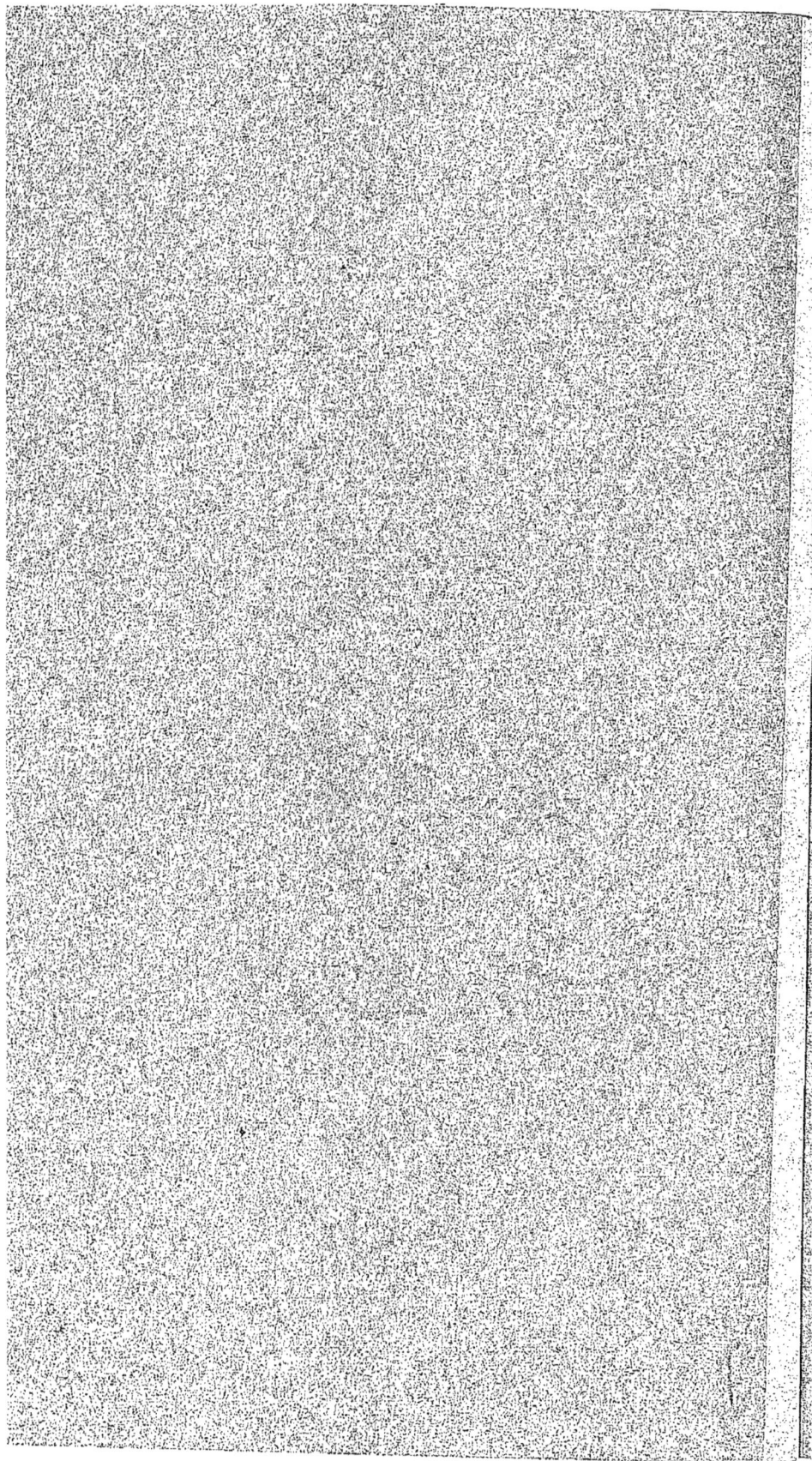

UN DÉBUT

DANS

LA MAGISTRATURE

PARIS. — IMP. SIMON RAÇON ET COMP., RUE D'ERFURTH, 1.

UN DÉBUT

DANS LA

MAGISTRATURE

PAR

JULES SANDEAU

DE L'ACADÉMIE FRANÇAISE

PARIS

MICHEL LÉVY FRÈRES, LIBRAIRES ÉDITEURS

2 BIS, RUE VIVIENNE, ET BOULEVARD DES ITALIENS, 15

A LA LIBRAIRIE NOUVELLE

1863

1862

UN DÉBUT

DANS

LA MAGISTRATURE

M. de R..., un des hommes qui honorent le plus la magistrature de notre temps, possède, aux environs de Paris, sur les bords de la Marne, une propriété où chaque année il passe quelques mois avec ses enfants et ses petits-enfants. Un jour, par une de ces claires après-midi dont le dernier automne s'est montré si prodigue, il se promenait au jardin, le long des charmilles, en compagnie d'un jeune homme, élégant en sa mise comme en ses manières, et qui témoignait de sa bonne éducation par l'attitude respectueuse qu'il avait auprès du vieillard. C'était le fils d'un de ses amis, venu tout

1

exprès pour le consulter sur le choix de la carrière qu'il devait embrasser. Ils avaient examiné les différents états qui se présentent à l'entrée de la vie, et le jeune homme, tout compte fait, paraissait incliner vers la magistrature. M. de R... l'écoutait avec une attention bienveillante, et de temps en temps son regard se portait, plein de sollicitude, sur ce visage blanc et rose où le duvet de la jeunesse n'avait pas achevé de brunir.

— La magistrature ! dit-il enfin en s'arrêtant et hochant doucement la tête; oui, c'est l'ambition de bien des jeunes gens à peine échappés aux écoles. Les uns, c'est le plus grand nombre, n'y cherchent qu'une position; d'autres se laissent volontiers séduire par l'honneur qui s'attache au titre de magistrat; il en est peu qui s'interrogent sévèrement et se demandent avec loyauté s'ils ont en eux la force nécessaire pour remplir les devoirs que ce titre impose. La magistrature, mon enfant! La science du droit n'y suffit pas. Avez-vous sondé votre cœur? répondez-vous de vos passions? êtes-vous à l'abri des entraînements de votre âge? C'est une chose grave que de représenter la justice et la loi. L'état

qui vous attire est moins une profession qu'un sa-
cerdoce, il exige, de ceux qui l'embrassent, presque
autant de renoncements que l'Église en demande
à ses serviteurs. Dans l'existence du magistrat
comme dans l'existence du prêtre, il n'y a pas de
fautes légères, et je ne vois jamais sans effroi des
jeunes gens, que n'a point encore éprouvés le feu
de la vie, se jeter à l'étourdie dans une carrière
qui les condamne à la perfection. Je sais, par expérience, combien sont périlleuses ces années où tout
fermente en nous ; je sais combien il faut se défier
de soi-même avant de s'engager dans des devoirs si
lourds ; je sais aussi à quelles expiations l'oubli de
ces devoirs nous expose. Asseyez-vous là, mon enfant : je veux vous raconter ce que je n'ai dit à personne. Si le premier chapitre de ma jeunesse peut
vous offrir un enseignement salutaire, j'en boirai la
honte sans regret, et vous, à m'écouter, vous n'aurez
pas perdu votre temps.

Le vieux magistrat s'était assis sur un banc de
bois adossé contre la charmille ; le jeune homme
prit place à côté de lui, et M. de R..., après avoir
recueilli ses souvenirs, commença le récit suivant :

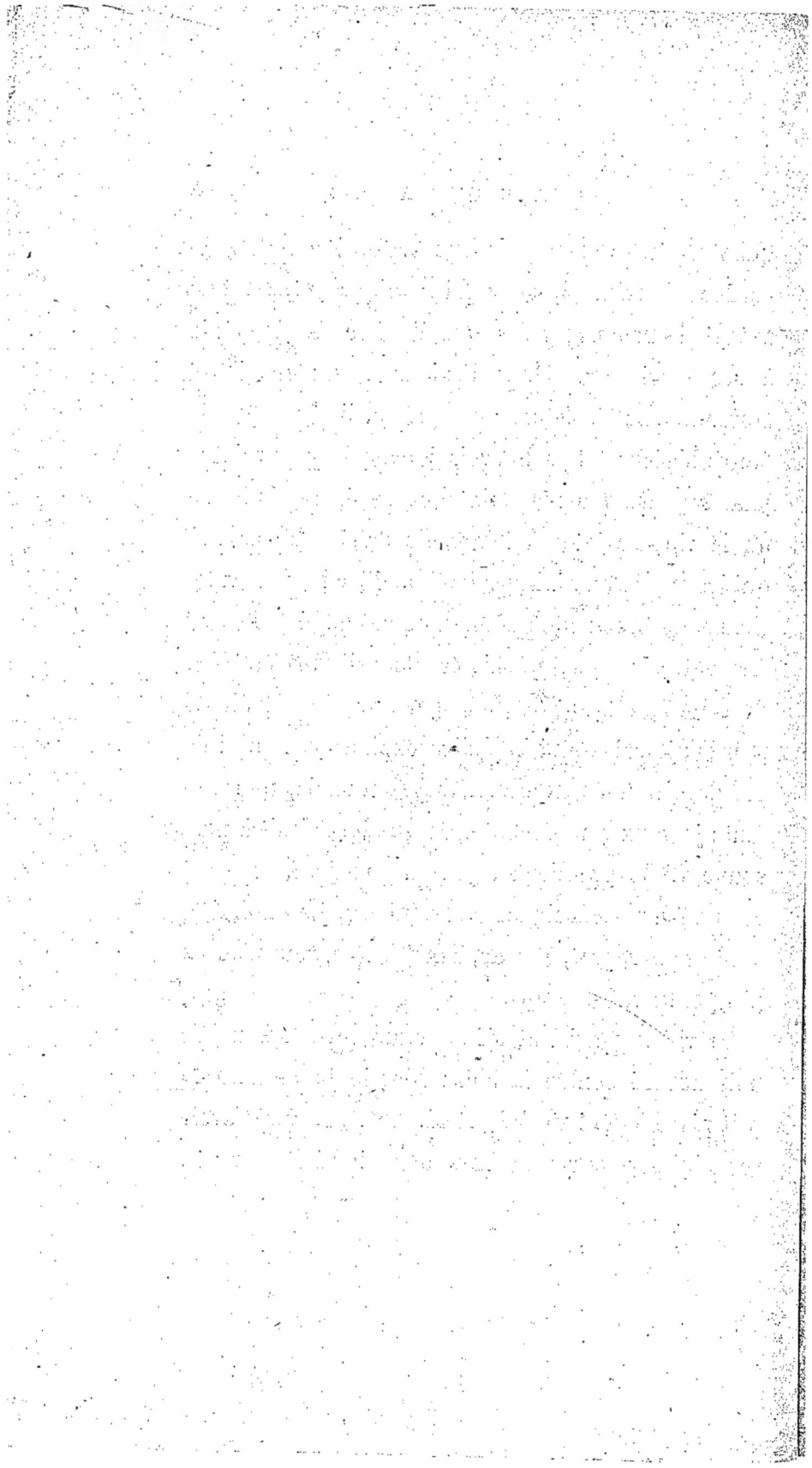

I

J'avais vingt-deux ans quand je fus nommé substitut du procureur du roi près le tribunal de Saint-
Marcel, dans le département de l'Isère. Je n'avais
pas choisi la carrière où j'entrais; j'y entrais moins
par goût que par tradition de famille. J'étais, vous
le savez, d'une ancienne famille de robe où, depuis
près de deux siècles, les magistrats se succédaient
de père en fils sans interruption. Pour ne pas remonter plus haut, mon grand-père avait siégé au
parlement. A l'époque dont je vous parle, au début
de la Restauration, mon père était président de
chambre à la cour de Paris; mon oncle paternel,
conseiller à la cour de Grenoble. Voué, dès le berceau, aux fonctions de la magistrature, assis ou debout, je n'avais pas d'autre alternative. Je le répète,

mes goûts ni mes instincts ne me portaient de ce
côté. J'avais grandi dans un intérieur austère où ne
pénétraient pas les bruits du dehors. Mon père, qui
reproduisait en lui toute l'intégrité de sa race, vivait
dans la retraite comme dans un fort, inaccessible à
toute influence, à toute séduction mondaine : c'était
son avis que des hommes qui sont ici-bas la justice
et la loi vivante, ne doivent point se mêler, même
par leur présence, aux intérêts ou aux passions
qu'ils peuvent être appelés à juger plus tard. Il ne
sortait guère que pour aller au palais, et ne recevait que quelques amis graves et compassés comme
lui. Confinée dans un tel milieu, ma jeunesse n'était
pas menacée d'une éclosion précoce. Et pourtant il
semblait que le sang de mes ancêtres se fût réchauffé
dans mes veines. A mesure que je grandissais, je
sentais s'éveiller en moi des aspirations, des ardeurs
qui n'avaient pas précisément l'étude du droit pour
objet, et qui s'accordaient assez mal avec les devoirs
auxquels j'étais prédestiné; mais tout cela était si
vague, si confus ! tant de mystère enveloppait encore le monde où s'agitaient mes rêves ! A peine
osais-je entrevoir d'autres perspectives que celles

qui s'ouvraient devant moi. Si on m'eût consulté,
j'aurais pris à coup sûr une autre voie; mais on n'y
songeait guère, et, grâce à la discipline claustrale
sous laquelle j'avais été élevé, ma volonté, dépourvue
d'impulsion et d'initiative, n'était pas de force à briser une tradition de deux siècles. A la veille de nous
séparer, mon père m'entretint avec gravité. Les
temps étaient difficiles : il me traça ma conduite
d'une voix sévère. Nous étions seuls dans le grand
salon de l'hôtel héréditaire que nous habitions rue
du Cherche-Midi. Tout en parlant, il marchait à pas
comptés, allant tour à tour d'un bout de la pièce à
l'autre : je l'écoutais dans un respectueux silence,
en mesurant mes pas aux siens. Pour derniers
conseils, il s'arrêta successivement devant chaque
portrait suspendu aux lambris. Tous nos aïeux
étaient là, en costume de magistrats : il rappela
brièvement, simplement, ce qu'avait été la vie de
chacun d'eux. Aucun n'avait failli : tous étaient
morts irréprochables, tous avaient été l'honneur
même. Là-dessus, sans rien ajouter, il m'ouvrit ses
bras et m'embrassa avec une effusion de tendresse
à laquelle il ne m'avait point habitué, et qui eût

suffi pour étouffer dans mon cœur toute velléité de révolte ou de résistance. Je quittais Paris le lendemain pour me rendre au poste qui m'était désigné.

J'ignore ce qu'est aujourd'hui Saint-Marcel; je n'y ai séjourné qu'un an, et n'y suis pas retourné depuis. Dans un temps où les cités se transforment à vue d'œil, et comme par enchantement, je ne serais pas surpris que Saint-Marcel, en Dauphiné, eût à cette heure ses monuments, ses squares et ses palais : quand j'y arrivai, aux premiers jours de 1817, c'était le plus affreux repaire d'humains qui se pût voir. Je n'en dirai qu'un mot : je n'ai pas souvenir d'une résidence où la vertu coûtât moins d'efforts et fût tenue à plus de modestie. Parfois, dans mon isolement, je me surprenais à sourire, en me rappelant les conseils que m'avait donnés mon père, et la solennité de notre dernier entretien : j'avais pu croire que je partais pour doubler le cap des Tempêtes. L'exercice de mes fonctions ne me laissait que trop de loisirs : les affaires où, de loin en loin, je portais la parole n'étaient pas faites pour absorber le trouble de mes sens ni pour tromper le vide de mon cœur. J'avais été pris, au printemps, d'une sourde inquié-

tude et d'une agitation sans but; je sortis de là pour
tomber dans un mortel ennui, dans une effroyable
tristesse. C'est ainsi que s'écoula ma première année
judiciaire. Il avait été convenu que je passerais chez
mon oncle la saison des vacances; au commence-
ment de septembre, j'allai le trouver à Grenoble, et
le jour même il m'emmenait à sa campagne.

C'était vraiment un homme aimable que mon
oncle le conseiller. Esprit orné, cœur bienveillant,
imagination souriante, c'était une de ces natures
tempérées qui n'étonnent le regard ni par leurs
sommets ni par leurs profondeurs, mais qui sont
les seules avec lesquelles il soit doux de vivre.
Intègre sans rigidité, il n'avait pas, comme mon
père, fait de son intérieur un couvent. Bien que
n'étant plus jeune, il aimait la jeunesse; il aimait
aussi les lettres et les arts, les joies faciles et honnêtes. Inflexible dans son siége, il accrochait au
même clou la sévérité et la robe du juge, et montrait, hors du tribunal, une indulgence évangélique
pour toutes les faiblesses humaines : dans le monde,
on se demandait comment il s'y prenait pour condamner les gens. Sa femme, en mourant, l'avait

1.

laissé dans une médiocrité dorée, voisine de l'opulence : il tenait à la ville un assez grand état, et avait, non loin de Grenoble, dans la partie la plus pittoresque du Dauphiné, une jolie campagne qui s'appelait la Roseraie, à cause des rosiers qui s'y voyaient en abondance. Un petit castel dans le goût de la renaissance ; des livres, des chevaux, des voitures ; d'un côté, la terrasse d'où l'on découvrait tous les aspects de la montagne, de l'autre, le jardin rempli de fleurs et de soleil ; tout cela, dans un site sauvage, solitaire ; torrents, cascades et ravines ; bois de sapins et de mélèzes : tel était le séjour où m'attendaient deux mois de loisirs, en compagnie de mon vieil oncle.

Je trouvai chez cet excellent homme des distractions inespérées. Je me ressentais encore de la contrainte où j'avais grandi : je n'avais de mon âge que la tristesse qui me consumait, et je la cachais soigneusement sous cet air gourmé, un peu rogue, particulier aux jeunes coqs et aux magistrats fraîchement éclos. Au bout de quelques jours, je me sentis comme transformé. Par le tour affectueux de ses entretiens, par l'enjouement de son esprit, par la bonté qu'il me témoignait, mon vieil oncle avait réussi à me dépouiller de l'enveloppe empesée qui paralysait ma jeunesse; il m'apprit à goûter, malgré les années qui nous séparaient, la douceur des épanchements et le charme de l'amitié. Je comprenais, en l'observant, que les fonctions les plus austères n'excluent pas nécessairement les plus aimables qualités de l'âme, et qu'on peut être un digne magistrat sans donner à sa vie les formes d'un arrêt ou l'allure d'un réquisitoire. Je renaissais, je respirais ! Le pays était beau ; je le parcourus en tous sens. Les grands spectacles de la nature, l'air vif des monts, le fracas des torrents, le bruit du vent dans les sapinières, le galop du cheval qui m'emportait sur le bord des ravins, enfin le sentiment de mon être affranchi, tout me ravissait, tout me plongeait dans des extases dont le souvenir m'émeut et m'agite encore aujourd'hui. Cependant mon oncle, en vrai sage, arrosait ses plates-bandes ou relisait ses auteurs préférés. Je rentrais; nous dînions; un vieux flacon égayait le dessert, et la soirée se prolongeait devant un feu clair d'automne. Ce n'est pas tout : je passais une partie des nuits à dévorer les

livres dont mon éducation presque monastique
avait été sevrée. Je lus ainsi pour la première fois
les œuvres de Rousseau : *les Confessions*, l'*Émile, la
Nouvelle Héloïse*. Je m'enivrai de cette correspondance immortelle; je me passionnai pour le grand
homme qui, au milieu d'une société sombrant dans
la matière, avait sauvé le culte de Dieu, de l'amour
et de la nature. C'était la mode alors d'outrager ce
génie. A voir comment ont fini quelques-uns de
ceux qui insultaient à sa mémoire, sans pitié pour
les fautes qu'il avait si durement expiées, on peut
se demander comment ils auraient commencé si le
sort, au lieu de leur prodiguer ses faveurs, eût livré
leur jeunesse aux mêmes hasards que la sienne. Ah!
aujourd'hui plus que jamais, je m'intéresse et com-
patis à toutes les défaillances : j'ai vu les hommes
de mon temps, je me connais moi-même, et je sais
trop que l'indulgence est un devoir plutôt qu'une
vertu. Je partis un matin pour Chambéry, et je
visitai les Charmettes : ce fut moins une visite qu'un
pèlerinage. Rien n'était changé, je reconnus tout :
la maison étroite et modeste; au-devant, le jardin en
terrasse, la vigne au-dessus, le verger au-dessous;

vis-à-vis, la châtaigneraie ; plus haut, dans la montagne, les prés pour l'entretien du bétail, tout ce
qu'il fallait pour un petit ménage champêtre. Je
restai là tout un jour, et m'en allai comme j'étais
venu, le cerveau rempli de brûlantes images, le
cœur plein d'amour sans objet.

En rentrant à la Roseraie, je fus frappé tout d'a-
bord du mouvement et de l'animation qui régnaient
dans ce domaine que j'avais laissé si paisible. Les
serviteurs allaient, venaient; on lavait les voitures,
on sablait la terrasse; on taillait les gazons. A l'intérieur, on enlevait les housses, on essuyait les gla-
ces, on frottait les parquets. Mon oncle, l'air radieux,
la figure épanouie, multipliait ses ordres, avait l'œil
à tout : je ne supposai pas que tout cela se fît à
l'intention de fêter mon retour.

— Que se passe-t-il? demandai-je aussitôt après
l'avoir embrassé. Vous attendez une tête couronnée,
ou tout au moins quelque prince du sang.

— Pas tout à fait, répondit mon oncle avec un
modeste sourire où perçait l'orgueil satisfait : j'attends M. de Champbaudier.

A ce nom trop célèbre dans la magistrature des

premières années de la Restauration, je n'avais pu
réprimer un vif mouvement de contrariété.

— M. de Champbaudier!... m'écriai-je ; ma foi !
mon cher oncle, je ne vous en fais pas mon compliment.

— Et pourquoi donc cela, mon neveu?

— Vous savez aussi bien que moi...

— Je ne sais qu'une chose, répliqua-t-il avec
vivacité, c'est que M. de Champbaudier est mon
président. Je l'attends aujourd'hui même, il arrive
ce soir, il vient passer à la Roseraie la fin des vacances, et, quoi qu'il te plaise d'en penser, je pré-
tends, je maintiens que c'est pour moi beaucoup
d'honneur.

— La fin des vacances, tout le mois d'octobre?
demandai-je de plus en plus consterné.

— Oui, mon neveu, oui, tout le mois d'octobre !
M. de Champbaudier passera tout le mois d'octobre
à la Roseraie, à ma campagne, à la campagne de ton
oncle !...

— Mais, disais-je en lui pressant les mains, vous
ne voyez donc pas que c'en est fait de la bonne vie
que nous menions tous deux !

— Qu'entends-tu par là? M. de Champbaudier est un homme charmant.

— Charmant!...

— Le connais-tu?

— Personnellement, non ; de réputation, oui.

— Eh bien, tu ne le connais pas, car il n'est personne, en ce monde, qui ne vaille plus ou moins que sa réputation. Tu me feras l'amitié de prendre vis-à-vis de lui une attitude convenable, celle d'un modeste substitut devant son premier président. Et tâche de lui donner une bonne opinion de toi, car c'est de lui que dépend ton avancement.

Mon oncle avait au plus haut degré le respect des positions officielles; tout homme revêtu de fonctions publiques devenait sacré à ses yeux. Je n'insistai plus, et, d'un pas boudeur, je me retirai dans ma chambre.

II

Mon jeune ami, il n'est pas de carrière si hono-
rable, si justement honorée, où ne parviennent à
se glisser des gens moins honorables qu'elle; il
n'est pas d'institution si élevée, qui ne soit exposée
à rencontrer parfois d'indignes serviteurs. Il y a eu
de mauvais rois, de mauvais prêtres, de mauvais
juges : heureusement, les institutions sont au-dessus
des hommes, nos infirmités ne les atteignent pas.

M. de Champbaudier ne rappelait que très-confu-
sément les grandes figures des Molé, des d'Agues-
seau et des Lamoignon : c'était un de ces magistrats
d'aventure qui poussent tout d'un coup, à de rares
époques, comme des ceps vénéneux. De Champbaudier n'était pas son nom. Sous l'Empire, il s'appelait Maugars, l'avocat Maugars, comme on disait

alors à Poitiers, où il passait pour l'aigle du barreau
et jouissait d'une réputation d'homme habile en
affaires : il prouva qu'il la méritait. Après le décret
du premier consul qui rouvrait aux émigrés les
portes de la France, une bonne famille du Poitou,
la famille de Champbaudier, s'était empressée de
rentrer. Quelques années plus tard, grâce à l'intelligence, grâce à l'activité de l'avocat Maugars,
elle se trouvait réintégrée dans une partie de ses
anciens biens. Il ne restait plus à régler que la
question des honoraires; les Champbaudier pen-
saient qu'une de leurs fermes y passerait. Ils étaient
prêts à s'exécuter, ne croyant pas pouvoir payer
trop cher les services de leur avocat, ni trop cher
acheter sa discrétion dont ils avaient besoin : le
maniement de leurs affaires avait livré à ce galant
homme certains secrets qui ne flairaient pas comme
baume, et qui intéressaient l'honneur de leur maison. O miracle! O désintéressement sans exemple!
Non-seulement Me Maugars ne réclama rien, mais
encore il ne voulut rien recevoir. Vainement M. le
baron le supplia d'accepter tout au moins sa taba-
tière, présent du roi de France pendant son séjour

à Mittau; vainement madame la baronne, en désespoir de cause, lui offrit la bague, enrichie de dia-
mants, qu'elle tenait de la reine Marie-Antoinette.
Mᵉ Maugars refusa tout; seulement, il demanda
la main de mademoiselle de Champbaudier. Et il
la demanda si loyalement, avec des allusions si
délicates et des insinuations si honnêtes, qu'après
une semaine de stupeur, d'angoisses et de réflexions,
on se décida à la lui accorder : témoignage éclatant
de la haute estime qu'une démarche si bien conduite avait inspirée pour son caractère !

Voici comment, quelques années après, il arrivait
d'un bond aux fonctions élevées de la magistrature :

Républicain fougueux sous la République, révo-
lutionnaire exalté aux plus mauvais jours de la
Révolution, Mᵉ Maugars, en toute rencontre, avait
affiché sous l'Empire le dévouement le plus prolixe
pour les institutions impériales, l'admiration la
plus loquace pour le génie de l'empereur : l'Empire était tombé avant qu'un si beau zèle reçût sa
récompense. En 1814, après la rentrée des Bour-
bons, Mᵉ Maugars s'était retiré sous sa tente. On
commençait à s'étonner du silence obstiné où il se

renfermait : il en sortit par un coup de foudre. Un
jeune homme, un étudiant en droit, arrêté pour
avoir tenu dans un café des propos séditieux, était
sur le point de comparaître devant le tribunal cor-
rectionnel : affaire sans importance au fond, mais
qui avait pris à Poitiers des proportions inattendues, dès qu'on avait su que l'avocat Maugars s'était
chargé de la défense. Cette nouvelle avait suffi pour
mettre en présence toutes les passions du moment,
pour transformer en lutte de partis un incident des
plus vulgaires. Le grand jour était venu ; pendant
que l'élite de l'aristocratie poitevine envahissait sans
bruit le prétoire, une foule compacte, ardente, fré-
missante, se précipitait dans la salle. Les juges occu-
paient leurs siéges, l'accusé venait d'être introduit,
et l'on cherchait des yeux Mᵉ Maugars, quand tout
à coup deux mouvements simultanés, l'un de surprise, l'autre de stupeur, éclatèrent dans l'assemblée : Mᵉ Maugars s'avançait gravement vers la
barre ; sa toque était ornée d'une cocarde blanche
à rubans flottants. Il y eut un instant d'émotion
générale dont les juges ne furent point exempts.
L'audience était ouverte, on se tut. L'interrogatoire

ne dura que quelques minutes ; le prévenu ne
désavouait aucun des propos qu'il avait tenus. Le
réquisitoire ne fut pas moins bref ; quoique rassuré
par la belle cocarde qui étoilait la toque de la défense, le procureur du roi se tenait pourtant sur
ses gardes, et, en tacticien habile, il avait ménagé
ses meilleures troupes pour les lancer dans la
réplique. Évidemment, ce n'était là que les pré-
liminaires de la bataille qui allait s'engager ; une
impatience fiévreuse se lisait sur tous les visages.
Mᵉ Maugars se leva et prit la parole au milieu d'un
silence où l'on sentait palpiter les âmes. Mᵉ Maugars fut magnifique ! Il se surpassa lui-même et fit
bien voir, en cette occasion, que l'éloquence n'est
jamais rebelle aux nobles causes, aux convictions
sincères. Après quelques phrases embarrassées,
pleines de modestie et d'humilité, il abandonna
vaillamment son client, ou, pour mieux dire, il le
noya dans la glorification du trône de Saint Louis,
miraculeusement restauré. S'élevant peu à peu au
ton du dithyrambe, il exalta les desseins de la
Providence, et, dans un langage fertile en méta-
phores, émaillé de lis et planté d'oliviers, il salua

le retour des princes magnanimes, rendus à l'amour de la France. Interprète fidèle des sentiments de la patrie, il aurait cru manquer à ses devoirs s'il eût oublié les armées étrangères : il leur adressa un compliment des mieux tournés, où respirait la gratitude la plus touchante, mêlée à la plus exquise courtoisie. Enfin, il sut trouver des accents dignes de Tacite et de Juvénal pour flétrir le règne de l'usurpateur; il le passa par les verges d'une courageuse invective, et termina tout par un parallèle éblouissant, où, rapprochés de l'ogre de Corse, Tibère et Attila n'étaient plus que de petits saints.

Cela ne dura guère que trois petites heures, et tel était l'ébahissement de l'auditoire, que Mᵉ Maugars put aller ainsi jusqu'au bout, tout d'une traite, sans être interrompu. Quand il eut achevé, une bordée de sifflets partit du fond de la salle; quelques paroles sévères du président rétablirent aussitôt l'ordre et le silence dans le sanctuaire de la justice.

Le procureur du roi se leva et dit :

— Messieurs, après l'éloquente plaidoirie que vous venez d'entendre, l'accusation n'a plus qu'une tâche à remplir. Si la loi est inflexible, il n'est pas interdit pourtant aux magistrats d'en adoucir parfois les rigueurs : le prévenu est jeune encore, j'invoque en sa faveur l'indulgence du tribunal.

— Prévenu, levez-vous, dit le président. Avezvous quelque chose à ajouter à votre défense?

— Rien, monsieur le président, répondit le jeune étudiant; je remercie M. le procureur du roi, et je pardonne à mon avocat.

Belles paroles, qui furent couronnées par deux mois de prison!

Ainsi finit cette séance judiciaire, restée célèbre dans les annales du Poitou. Me Maugars, modeste autant que digne, tenta, mais vainement, de se dérober à l'ovation qui l'attendait à sa sortie; il dut, bon gré mal gré, retourner chez lui à la façon des triomphateurs romains montant au Capitole : un long cortége de huées l'accompagna jusqu'à sa porte.

A six semaines de là, tout au plus, M. Maugars de Champbaudier recevait sa nomination d'avocat général près la cour de Bordeaux.

Eliminé pendant les Cent-Jours, procureur général en 1815, M. de Champbaudier avait été, dans le

Midi, un des instruments de réaction les plus vio-
lents et les plus acharnés. Malheureusement, un or-
gane plus délicat chez lui que la conscience, le la-
rynx, déjà très-compromis, trahissait l'ardeur de
son zèle, et, à l'époque dont je vous parle, il venait d'être nommé président de cour à Grenoble,
où les passions mal apaisées lui permettraient de
montrer sous un jour nouveau son indépendance et
sa haute impartialité. En 1814, il avait obtenu d'a-
jouter à son nom celui de sa femme; en 1815, Maugars avait disparu, il ne restait que Champbaudier.

Tel était l'hôte que mon oncle attendait. Quoique
mon opinion sur lui fût moins arrêtée, moins
assise qu'elle ne devait l'être plus tard, cependant
j'en savais assez pour que la perspective d'un mois
à passer dans son intimité ne me causât qu'un plaisir modéré. Si l'histoire de son mariage flottait encore dans l'ombre du doute, le scandale de son
élévation s'était accompli au grand jour. J'avais
ressenti violemment nos désastres, je restais fidèle
au culte de l'empereur, et l'homme qui, dans tous
ses réquisitoires, avait outragé la gloire, le génie,
le malheur, m'inspirait une répulsion que je ne

cherchais point à combattre. Il faut le dire aussi,
dans les dispositions de cœur et d'esprit où je me
trouvais, la présence d'un tiers, quel qu'il fût, ne
pouvait que m'être importune. Adieu la liberté
dont je jouissais, et mes courses dans la montagne !
adieu les entretiens, les repas familiers en tête-à-
tête avec mon bon oncle! C'en était fini pour moi
des fêtes de la solitude et de celles de l'intimité :
l'arrivée d'un étranger allait tout perdre, tout gâ-
ter. Le triste retour, hélas! et que je me sentais
loin des Charmettes!

Je faisais ces réflexions accoudé sur l'appui de
ma fenêtre ouverte, quand mon oncle, qui traversait
la terrasse d'un air de plus en plus affairé, me jeta
ces mots en passant :

— T'ai-je dit que madame de Champbaudier ac-
compagne son mari? Tâche d'être aimable, et fais
en sorte qu'elle ne s'ennuie pas trop à la Roseraie :
c'est toi que cela regarde, mon cher Paul.

Ce fut comme un coup de vent qui disperse les
nuées et balaye en un instant le ciel : tout s'éclaira,
tout changea de face. Je ne connaissais pas madame
de Champbaudier; mais je savais qu'elle était jeune

2

encore, on la disait jolie. Je passai le reste de la journée dans les enchantements de l'attente. Le mari s'était évanoui, comme une apparition nocturne aux premières clartés de l'aube; je ne songeais plus qu'à la femme. Je cherchais à deviner ses goûts, son caractère, les lignes de sa figure, l'impression qu'elle ferait sur moi, celle que je ferais sur elle. Je la parais complaisamment de toutes les perfections; il ne m'en coûtait rien, je ne lui en épargnai aucune. Par moments, la pensée que nous allions vivre de la même vie, sous le même toit, s'offrait à mon esprit en confuses images qui ne laissaient pas de me troubler un peu. Je veillai aux apprêts de son installation; je visitai la chambre où elle devait habiter. J'aurais voulu pouvoir y réunir toutes les élégances; j'y portai les livres et les fleurs que je supposais qu'elle aimait. A mon tour, j'allais, je venais, je donnais des ordres, je les exécutais moi-même, et mon oncle de s'écrier dans le ravissement de son âme :

—A la bonne heure! bravo, mon cher Paul! C'est un homme délicieux, te dis-je! Tu reviendras de tes préventions.

III

Elle arriva, je la vis enfin : tout ce que j'avais imaginé, rêvé, pâlit et s'effaça devant elle. Mon jeune ami, elle était charmante ! La peinture nous a transmis deux types bien distincts de présidentes des anciens parlements : les unes, vieilles, maigres et sèches, le nez barbouillé de tabac, l'air revêche et maussade comme un dossier de procureur ; les autres, éblouissantes de grâce et de jeunesse dans leurs atours un peu sévères, et cachant à demi une belle main blanche sous les longues soies de l'épagneul qui dort en boule sur leurs genoux. C'est parmi ces dernières qu'il eût fallu chercher le portrait de madame de Champbaudier. Je la vois encore, petite, un peu grasse, d'une beauté moins idéale que je ne me l'étais représentée, mais si fine

pourtant, et si animée, si vivante! Des cheveux
blonds à profusion, des yeux bleus les plus jolis du
monde, une bouche fraîche et souriante, des pieds,
des mains d'enfant, et la blancheur du lait. Son caractère ne répondait pas plus que sa personne à
l'idée que je m'en étais faite. A peine arrivée, elle
s'emparait de la Roseraie, elle y régnait, elle en devenait l'âme. Gaie, familière, remuante, gazouil-
lante, elle était partout à la fois, elle eût jeté la vie
dans un cloître où dans un désert. Certes, ce n'était
pas ainsi que je me figurais l'héritière des Champbaudier, livrée en holocauste à l'honneur de sa famille. Quant à M. le président, il était tout sucre et
tout miel. Esprit souple, enlaçant, langue dorée et
bien pendue, quelque chose de câlin dans la voix et
de félin dans les manières, il paraissait avoir de
cinquante à cinquante-cinq ans, et jouissait du privilége qu'ont généralement les hommes à cet âge,
de n'être ni beaux ni laids. Je m'étais promis de me
tenir sur la réserve et de répondre à ses avances par
une attitude pleine de dignité; mais, dès l'abord,
il m'entretint en si bons termes du talent oratoire
dont j'avais fait preuve à mes débuts, que je me de-

mandai si décidément il n'y avait pas bien de l'exa-
gération dans les bruits qui couraient sur son
compte. Mon oncle ne se sentait pas d'aise, la jolie
présidente ne rêvait que parties et fêtes, ce bon
M. de Champbaudier se prêtait à tous nos projets,
et, quoique septembre touchât à sa fin, la saison
resplendissante promettait des jours enchantés.

Jours heureux, je vous ai payés cher ! mais votre
souvenir m'est doux, premiers jours de bonheur
qu'il me fut donné de connaître ! Elle n'avait rien
de mes goûts ni de mes idées, et certes, la fortune
ne pouvait pas jeter sur mon chemin une créature
qui ressemblât moins à l'héroïne de mes songes.
Le mouvement était sa vie; figurez-vous un tour-
billon de grâces, d'enjouement, de frivolité ! Avide
de distractions, l'appréhension seule de l'ennui la
glaçait d'effroi ; heureusement, elle ne se souvenait
plus le soir de ses impressions du matin, ce qui lui
permettait de recommencer le lendemain ce qu'elle
avait fait la veille, et d'y prendre un plaisir nouveau.
Plus je l'observais, moins je croyais à l'histoire de
son mariage, et je l'aurais tenue pour complétement
fausse, si je n'eusse remarqué, dans son attitude

2.

vis-à-vis de son mari, une indépendance d'allures, je ne sais quoi de sec et de hautain, où se trahissaient l'orgueil et le ressentiment de la race. Telle qu'elle était, je l'aimai. Tout était prêt en moi depuis longtemps pour une explosion : elle fut l'étincelle légère qui embrasa mon cœur et mes sens.

Le pays m'était devenu familier : c'est à moi qu'appartenait le soin de diriger les excursions qui remplissaient toutes nos journées. Dès que le soleil avait dissipé la brume, nous partions. Les belles matinées! Qu'elle était jolie avec son corsage, sa jupe d'amazone, son chapeau de feutre et ses cheveux au vent! M. de Champbaudier avait tout à fait bon air sur sa pacifique monture, et la figure réjouie de mon oncle égayait doucement le paysage. On commençait par chevaucher en caravane; bientôt un temps de galop nous séparait de nos compagnons, et le plus souvent je me trouvais seul auprès d'elle. La course l'enivrait ; parfois le sentier se resserrait tellement, que son voile vert me fouettait le visage, et je buvais le souffle de ses lèvres, aussi pur que la brise des monts. De loin en loin, elle s'arrêtait pour écouter le torrent qui grondait sous

nos pieds ou pour contempler les cimes qui se
dressaient au-dessus de nos têtes; elle demeurait
un instant pensive; puis, au moment où on aurait
pu croire qu'une émotion sérieuse allait s'emparer
d'elle, elle s'y dérobait brusquement, et nous re-
partions au galop des chevaux. Çà et là, nous met-
tions pied à terre; je la sentais à mon bras, vive
comme une mésange et toujours prête à s'envoler.
Nous causions; son frais babil effleurait tous les sujets et me semblait plus éloquent que les épîtres de
Julie à Saint-Preux. Tout en jasant, elle cueillait, le
long des rampes, les fleurs, les herbes odorantes,
dernière parure de l'automne; elle devait les garder
en souvenir de ces beaux sites, en souvenir aussi de
nos entretiens: une minute après, elle les jetait à
l'eau du gouffre et s'amusait à les suivre des yeux,
emportées par le courant. Découvrait-elle une ma-
sure au fond du ravin, une baraque au flanc de la
montagne, c'est là qu'elle aurait voulu vivre : et
nous voilà en pleine idylle qu'elle interrompait tout
à coup pour parler des bals du prochain hiver, de
ses toilettes et de ses chiffons. Et moi, je ne pouvais me rassasier de sa vue; tout ce qu'elle disait

me charmait! Ainsi nous allions, n'obéissant qu'à
sa fantaisie. L'ombre des pics, en s'allongeant, nous
rappelait l'heure du retour. Nous tournions bride
et retrouvions à mi-côte le président et le conseiller
cheminant au pas de leurs bêtes. La caravane se
reformait : on revenait comme on était parti. M. de
Champbaudier ne témoignait aucune jalousie, et
mon oncle me savait gré de l'empressement que je
montrais à divertir, à promener ses hôtes.

Les soirées s'écoulaient dans une intimité dont
elle était la vie. Elle descendait à l'heure du dîner,
encore tout animée par la course et par le grand
air, parée comme pour une fête. Les gais repas! et
si vous l'aviez vue trempant ses lèvres mutines dans
la mousse des vins pétillants comme elle! Au salon,
elle eût sauté par la fenêtre plutôt que de rester
en repos. Elle tapait de ses petits doigts sur
les touches d'un vieux clavecin, commençait un
morceau qu'elle n'achevait pas, se levait, cajolait
mon oncle, l'entraînait dans un tour de valse, et
s'échappait pour courir au jardin. M. de Champbaudier était pour elle plein de mansuétude; il souriait à tous ses caprices, et, quoi qu'elle s'avisât de

dire ou de faire, n'y trouvait jamais à reprendre.
Mon oncle ne m'avait pas trompé, c'était un homme
délicieux. Dans mon ivresse, j'avais tout oublié, je ne
savais plus rien ; je ne voyais plus qu'elle, il n'y avait
plus qu'elle pour moi dans l'univers : tout le reste
n'était, à mes yeux, qu'ombres, fantômes, illusions.

Je la voyais en toute liberté ; sa beauté n'avait
rien de farouche ni d'imposant ; je pouvais supposer,
sans trop de présomption, que ma présence ne lui
déplaisait pas. Eh! bien, vers le milieu d'octobre, je
n'étais pas plus avancé que le jour de son arrivée.
C'est qu'en vérité elle n'était, dans son abandon, ni
coquette ni provoquante ; la mobilité de son esprit
la défendait mieux que n'aurait pu le faire la pru-
derie la plus consommée ; sa familiarité même dé-
routait la passion plutôt qu'elle ne l'encourageait,
et vingt fois mon secret avait brûlé mes lèvres sans
réussir à s'échapper. Je m'indignais contre moi-
même, je me demandais si je la laisserais partir sans
emporter au moins l'aveu de mon amour. Chaque
matin, je remettais au soir, le soir au lendemain, et
le lendemain me retrouvait aussi entreprenant que
la veille.

IV

Un jour, j'étais seule avec elle, sur un petit lac
situé au pied de la montagne, à quelques portées
de fusil de la Roseraie. M. de Champbaudier avait
grand souci de sa peau, et n'était pas homme à l'exposer plus volontiers à l'eau qu'au feu; il était resté
prudemment sur la rive, en compagnie de mon
oncle, qui n'avait pas de son côté un goût bien prononcé pour les excursions nautiques. Henriette, —
qu'on m'eût étonné si on m'eût dit alors que ce
n'était point là le plus suave des noms! — Henriette
avait exprimé le désir de faire le tour du lac en bateau, et nous étions partis tous deux.

Les promenades sur l'eau portent à la rêverie les
natures les moins rêveuses. Nous étions partis gaiement, elle riant, et moi riant, comme elle, de ma

maladresse à gouverner notre embarcation ; en
moins d'une heure, le rire et le babil s'étaient
éteints, une vague tristesse nous avait gagnés insensiblement l'un et l'autre. C'était par un de ces derniers soleils qui ont tant de douceur et de mélancolie. L'air était tiède, le ciel un peu voilé, le lac
uni et bleu comme une nappe de lapis. Nous gar-
dions un profond silence. Elle se tenait assise en
face de moi, dans une attitude recueillie qui ne lui
était pas habituelle ; je ne ramais plus, je la regardais, tandis que la barque, poussée par un courant,
allait s'échouer sur le sable d'une anse creusée dans
le rocher et qu'abritait un taillis de chênes. Nous
étions là depuis quelques instants, et je croyais sentir le trouble de mon cœur passer peu à peu dans le
sien. Je ne sais plus comment cela se fit : je pris sa
main, j'osai lui dire enfin que je l'aimais. J'étais
sincère, je dus être éloquent. Je m'attendais à ce
qu'aux premiers mots elle m'interrompît par un
de ces éclats d'implacable gaieté qui désarçon-
nent la passion plus sûrement que le dédain ou
la colère : il n'en fut rien. Elle avait laissé sa main
dans les miennes, et, grave comme une jeune

mère, elle m'écoutait d'un air triste et doux.

— Monsieur Paul, répliqua-t-elle d'un accent pé-
nétré, je mentirais en vous disant que je me tiens
pour offensée. Non, je suis touchée, au contraire, des
sentiments que vous m'exprimez; je le suis d'autant
plus que je n'ai rien fait pour les mériter. Permettez-moi de m'acquitter en bons conseils. Il faut en
rester là, monsieur Paul! Mon devoir est de vous
arrêter au début d'une aventure où je ne saurais
vous suivre, et qui pourtant vous mènerait plus loin
que vous ne le voudriez peut-être. Prenez garde!
Oubliez ce que vous m'avez dit, n'y revenez jamais!
M. de Champbaudier est plus ombrageux, plus
clairvoyant qu'il n'en a l'air, et... vous ne le connaissez pas.

— Me tuera-t-il? demandai-je en souriant.

— Prenez garde! prenez garde! répéta-t-elle
avec une étrange insistance : c'est plus sérieux que
vous ne le pensez.

— Enfin, me tuera-t-il?... Eh bien, qu'il me tue!
m'écriai-je.

— Oh! il ne vous tuera pas, dit-elle doucement,
fi donc!

3

Et, après un moment d'hésitation, d'un ton bref
et d'une voix ferme :

— Il ne vous tuera pas, monsieur Paul ; mais, tant
qu'il vivra, il vous poursuivra de sa haine, et partout, à toute heure, vous la sentirez, veillant à vos
côtés. Il ne vous tuera pas, mais il vous frappera,
par des voies ténébreuses, dans votre carrière, dans
votre considération, dans vos amitiés les plus chères,
dans vos affections les plus innocentes. Il ne vous
tuera pas ; mais il sera dans votre destinée comme
un de ces insectes invisibles qui accomplissent dans
l'ombre et le silence leur travail destructeur. Si une
disgrâce imprévue vous atteint, ne cherchez pas
d'où le coup part, c'est lui qui l'aura machinée ; si
vous subissez une défection, c'est lui qui l'aura pro-
voquée ; si tout à coup le sol où vous marchez
tremble et s'effondre sous vos pieds, c'est lui qui
l'aura miné sourdement. Je le connais, moi, je l'ai vu
à l'œuvre. Malheur à qui le heurte ! malheur à qui
l'offense ! malheur à qui lui fait obstacle ! C'est une
belle âme, allez, et moi, je suis une heureuse femme.

En achevant ces mots, sa voix s'était brisée dans
un sanglot : elle pleurait, et de ses dents elle dé-

chirait son mouchoir. Je baisais ses mains, j'aurais donné ma vie pour avoir le droit de sécher sous mes lèvres les pleurs qui baignaient son visage.

— Et moi, disais-je, qui vous croyais heureuse!

— Je suis folle, j'ai tort de vous dire tout cela, reprit-elle en passant son mouchoir sur ses yeux. J'ai tort, c'est mal. Il y a des choses qu'une femme ne doit jamais dire, alors même que tout le monde les connaît. C'est la première fois que cela m'arrive. Vous êtes jeune, vous entrez dans la vie avec toute l'inexpérience, tout l'entraînement de votre âge, il m'a semblé que je devais vous avertir. Vous ne me méprisez pas, monsieur Paul?

Ce que je répondais, vous le devinez sans peine. Ces révélations inattendues, ce beau sein gonflé de sanglots, l'immolation de sa jeunesse, dont j'avais pu douter jusque-là, dont je ne doutais plus à cette heure, étaient autant de séductions nouvelles : je l'avais aimée dans son enjouement, et je l'adorais dans ses larmes.

— Laissez-moi vous aimer, lui disais-je. Que me fait, à moi, la haine de cet homme? Je vous aimerai tant qu'à votre tour, vous m'aimerez peut-être.

— Non, monsieur Paul, non, répondit-elle, et si vous avez pour moi une affection sincère, vous ne devez point souhaiter que je vous aime. Je ne suis pas heureuse, mais Dieu fait bien tout ce qu'il fait, Dieu connaissait le sort qui m'était réservé, et, dans sa bonté, il m'a créée d'essence mobile et légère. Je me suis appliquée à perfectionner son œuvre; vous avez pu voir que je n'y ai pas trop mal réussi. Voilà comment j'ai surnagé où d'autres, à ma place, se seraient englouties. Des qualités sérieuses m'auraient servie moins bien que mes travers : béni donc soit Dieu qui m'a faite ainsi ! A défaut de bonheur, j'ai les petits profits de ma frivolité. Tout me distrait, un rien m'amuse. Je cours aux joies qui se jouent à la surface de la vie : si elles ne sont ni profondes ni enivrantes, elles ne coûtent ni remords ni regrets. Enfin, et surtout, je suis libre : il y a dans mon cœur un sentiment qui me venge et qui m'affranchit. L'homme à qui j'ai été livrée sent un juge dans sa victime : j'échappe à sa domination, et, malgré lui, il subit la mienne. Je suis libre, mais à la condition de ne point donner prise au joug qui reste suspendu sur ma tête, et qui

m'écraserait. Si j'aimais, si j'avais le malheur d'aimer, il le saurait bien vite, les rôles seraient inter-
vertis, ma chute le relèverait, et sous un pareil
maître, juste ciel! sous un pareil maître qui aurait
le droit de se dire outragé, que deviendrais-je? une
esclave avilie. Allons, monsieur Paul, ajouta-t-elle
en se levant et changeant brusquement de ton, laissons là l'amour, et soyons amis! Un instant, vous avez
cru que vous m'aimiez : c'est ce bateau qui a causé
votre illusion. Vous aurez pris cet étang pour le lac
de Genève, ces rochers pour ceux de Meillerie, et vous
m'avez fait l'honneur de voir en moi Julie d'Etange.
Venez, partons, retournons par terre, puisque les
promenades sur l'eau peuvent vous égarer à ce point.

Elle avait sauté du bateau sur le sable, et déjà elle
gravissait de roche en roche, pendant que moi, debout, immobile à la même place, je la suivais des
yeux, confus comme un enfant qui voit l'oiseau
qu'il comptait mettre en cage glisser entre ses doigts
et s'envoler en sifflant.

— Eh bien, Saint-Preux, venez-vous? cria-t-elle.

Je la rejoignis, et nous revînmes par la berge.
J'essayai vainement, durant le trajet, de ressaisir

l'étrange créature ; c'est à peine si elle paraissait se
souvenir de la scène qui venait de se passer entre
nous. Le jour baissait ; quand nous arrivâmes, il
était nuit close. Au moment de franchir la grille,
elle se retourna et me tendit la main.

— Adieu ! dit-elle. Gardez un bon souvenir de
moi. Je n'oublierai pas cette journée, et votre
amitié me sera toujours chère.

Je cherchai à la retenir ; j'ouvris les bras pour
l'enlacer et l'attirer contre mon cœur : elle courait
déjà le long de l'avenue.

Nous étions, en rentrant, plus agités, elle et moi,
qu'il n'eût convenu de le laisser paraître. J'ignorais
l'art de feindre et me sentais contraint, embarrassé.
Henriette, malgré ses efforts pour reprendre son
aplomb et sa sérénité, avait encore quelque chose
d'ému dans la voix, et il était aisé de voir que ses
jolis yeux avaient pleuré. Mon oncle ne s'aperçut de
rien : c'était un enfant, mon bon oncle. En re-
vanche, le président avait le front soucieux, et,
pendant le dîner, à la clarté rabattue de la lampe,
je remarquai qu'il nous observait d'un regard
oblique et défiant. De mon côté, je l'examinais avec

une attention sérieuse, et j'étais frappé, pour la première fois, de la laideur morale empreinte sur la
figure de cet homme. Je l'examinais, et, comme un
hideux palimpseste, sous Champbaudier je décou-
vrais Maugars. Des gens épris du pittoresque di-
raient qu'il avait l'œil saillant du crapaud et la
bouche de la vipère... Non ! Sa face était tout simplement l'enseigne d'une âme basse; elle éclairait
d'un jour sinistre les avertissements que j'avais
reçus, et, franchement, je fus épouvanté. J'aurais
fait bon marché de moi-même. Ce n'était pas de
moi qu'il s'agissait, mais de l'aimable et charmante
femme qui portait si légèrement le fardeau de sa
destinée. Je ne pouvais être dans sa vie qu'un élé-
ment de trouble ou de malheur. Je n'hésitai pas,
ma résolution était prise. Il me semblait que l'adieu
qu'elle m'avait jeté me traçait mon devoir. Je m'é-
loignerais, je quitterais la Roseraie : tout me le commandait, tout m'en faisait une loi, tout me criait
que je ne devais pas, que je ne pouvais plus rester.

Et je restai, pourtant ! Vous allez apprendre
quelles furent les conséquences de mon indécision
et de ma lâcheté.

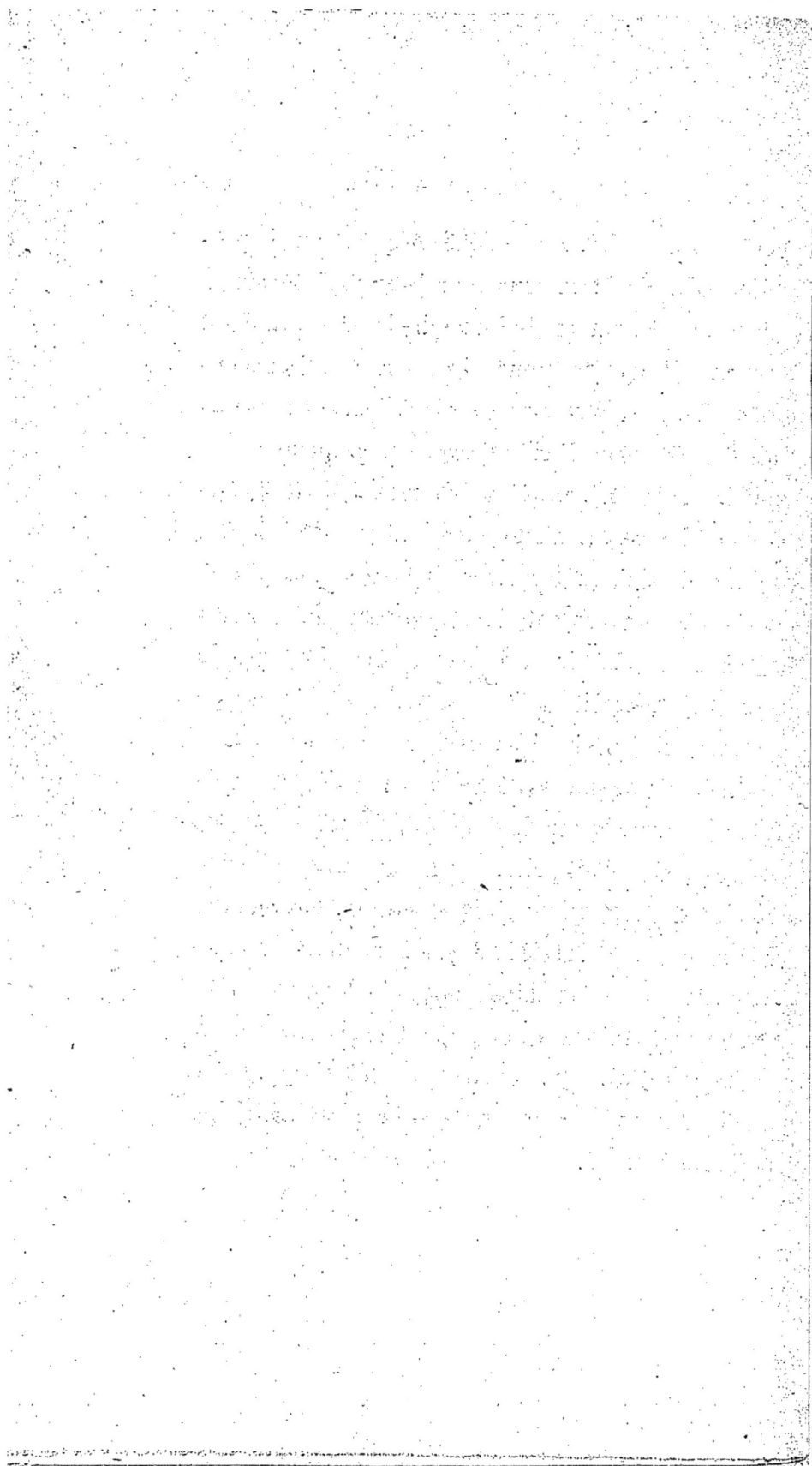

V

A l'époque de mon séjour à la Roseraie, les campagnes du Dauphiné offraient moins de sécurité que vous ne seriez en droit de le supposer, d'après les allures de ce récit. La haine de l'étranger, l'humiliation de la France envahie étaient profondes dans ce département frontière où l'Empereur, à son retour de l'île d'Elbe, avait commencé la marche triomphale qui ne devait s'arrêter qu'à Paris. Au printemps de 1816, un mouvement insurrectionnel échouait aux portes de Grenoble. Ce n'était qu'une échauffourée, un rassemblement de paysans qu'on reçut à coup de fusil et qui se seraient dispersés d'eux-mêmes, si l'autorité, mieux avisée, se fût contentée de fermer les portes de la ville; les réactions sanglantes qui s'en étaient suivies avaient

3.

achevé d'exaspérer les populations rurales. A tant
de causes d'agitation étaient venues se joindre la
disette et la famine. Les ressources étaient épuisées,
l'hiver s'avançait menaçant, et ces montagnes, où
je ne rêvais qu'amour et tendresses mutuelles, se
remplissaient de sourdes colères. Plus d'une fois,
dans mes excursions au delà des limites fixées par
mon oncle, il m'était arrivé de rencontrer des figures
qui n'avaient rien de rassurant. Nous vivions en
paix à la Roseraie et aux alentours; mais, à quelques lieues de là, il y avait des zones malsaines où
la politique, la misère et la faim servaient de pré-
textes à tous les excès, et où il n'eût pas été prudent
de s'aventurer à la brune. Nous vivions en paix,
mais nous entendions parler fréquemment de pil-
lage, de brigandage, d'attaques à main armée; on
se barricadait le soir, et le mot d'ordre était de tirer
impitoyablement sur tout individu qui s'introduirait
ou chercherait à s'introduire de nuit dans l'enclos
de la propriété. Il n'est milieu, si tourmenté qu'il
soit, où l'esprit ne finisse par s'acclimater; d'ailleurs, en ces temps malheureux, il n'y avait pas un
coin du territoire qui ne fût en proie aux mêmes

agitations. Nos distractions en souffraient peu, nos habitudes s'en ressentaient à peine. Le danger souriait à l'imagination d'Henriette, et M. de Champbaudier lui-même en avait pris bravement son parti. Depuis qu'on s'entretenait d'assassinats commis dans la contrée, il n'aimait pas à perdre de vue le toit de son hôte, et un tour de jardin lui semblait préférable aux longues chevauchées; il comptait sur les prochaines assises pour donner une entière satisfaction à ses instincts belliqueux.

Je n'avais pas quitté la place, ainsi que je me l'étais promis et comme j'aurais dû le faire. Au moment d'accomplir ma résolution, le courage m'avait manqué. Cependant la place n'était plus tenable ; j'avais perdu le bonheur de ma vie pour avoir voulu y porter la main. Henriette n'avait pas recouvré complétement sa liberté d'allures; je restais gêné dans mon attitude, M. de Champbaudier nous surveillait, et, sous son air obséquieux, sous ses manières cauteleuses, je sentais germer et je voyais poindre la haine. Pour concilier deux choses inconciliables, la passion qui me retenait et le devoir qui m'ordonnait de m'éloigner, j'avais annoncé qu'un travail important, trop longtemps différé, m'obligeait d'aller à Grenoble. Je partais le matin; seulement, au lieu de me rendre à la ville, je m'enfonçais dans le pays, et je m'abandonnais librement à tous les mouvements de mon âme. Je n'attendais rien, je n'espérais rien, et n'avais pas même la consolation de me savoir aimé; j'aimais, et n'en demandais pas davantage. J'aimais, et, hors d'Henriette, il n'était pas de joies, pas de félicités contre lesquelles j'eusse consenti à échanger le mal que j'endurais. Ces premiers désespoirs de la jeunesse ont une âpre saveur, ont une volupté sauvage que regrette plus tard l'amour heureux et satisfait. Je parcourais, triste et désolé, les belles solitudes que nous avions visitées ensemble. Je retrouvais partout son image; je cherchais partout la trace de ses pas. Je m'arrêtais dans les fermes où nous nous étions reposés tous deux; les sites qu'elle avait traversés étaient encore éclairés, à mes yeux, de sa grâce et de son sourire. Je rentrais à la nuit, et j'achevais la soirée auprès d'elle. Notre intimité n'avait plus l'abandon ni le charme des premiers jours, un regard jaloux nous épiait; mais, en secret, je m'enivrais de sa présence, et ces quel-

ques heures, malgré la contrainte qui pesait sur nous,
étaient le prix de ma journée.

Un jour, la date en est restée gravée dans ma mémoire, c'était le 15 octobre, j'avais poussé ma course
plus loin que d'habitude, vers des régions où je m'a-
venturais pour la première fois. En revenant le soir,
je m'égarai. Je suivais depuis près d'une heure un
sentier creusé dans le roc, bordé d'un côté par des
précipices, de l'autre par une forêt de sapins qui
escaladaient la montagne comme une armée de
noirs géants. J'avançais lentement, la nuit tombait,
le lieu était sinistre. A l'extrémité du défilé, un
homme que je n'avais pas aperçu se jeta à la tête de
mon cheval, et me demanda classiquement la bourse
ou la vie. Le drôle était sincère; le pistolet qu'il
tenait au poing témoignait de sa bonne foi. La réponse ne fut ni moins nette ni moins franche que la
requête : je lui coupai la figure d'un coup de cravache, et j'enfonçai jusqu'au vif l'acier de mes épe-
rons dans le ventre de ma monture, qui s'enleva sur
ses jarrets. Au même instant un éclair me frappa au
visage, un coup de feu partit à mes oreilles, je me
vis enveloppé d'un nuage de fumée. Ces choses-là se

passent en moins de temps qu'il n'en faut pour les
raconter. Je n'étais pas atteint, mon cheval fit un
bond terrible, un galop furieux m'emporta. J'avais
pris ma cravache entre mes dents et plongé la main
dans un de mes arçons : je me retournai comme un
Scythe, et, pour l'acquit de ma conscience, je tirai
à tout hasard sur le bandit qui disparaissait dans le
bois. Cela fait, pour plus de sûreté et en cas de nouvelle attaque, je glissai mon second pistolet dans la
poche extérieure de ma veste de chasse, puis, sans
essayer de ralentir ou de diriger l'animal effaré qui
dévorait l'espace, je lui laissai le soin de retrouver
sa route et de me ramener au logis.

Une heure après, j'enfilais l'avenue à bride avalée.
Les fenêtres du château étaient éclairées brillam-
ment; des voitures dételées et de toute sorte en-
combraient la terrasse; il y avait dans l'air des sen-
teurs de gala. Je me souvins que mon oncle avait,
ce jour même, à dîner toute la Cour royale de Grenoble : j'arrivais en retard, on était à table.

Je m'habillai à la hâte, et, à peine remis, je passai
dans la salle à manger où se trouvaient rassemblés
une douzaine de convives. J'étais encore d'une pâ-

leur livide; mon entrée eut le succès d'une apparition. Madame de Champbaudier m'aperçut la première ; elle maîtrisa mal un mouvement d'effroi.

— Ah ! mon Dieu, qu'a donc M. Paul? dit-elle à mon oncle, en se penchant vers lui.

J'étais décidé à passer sous silence la rencontre que j'avais faite. Dans son égoïsme, la passion n'admet qu'elle au monde; elle a horreur de tout ce qui pourrait la distraire ou la détourner d'elle-même. Les préoccupations au sein desquelles je vivais absorbé se seraient accommodées difficilement des ennuis et des tracas que n'eût pas manqué de me susciter une pareille affaire; en outre, il eût fallu confesser l'existence errante et solitaire que je menais depuis quelques jours, et comment l'aurais-je expliquée? J'étais pris déjà dans un engrenage de mensonges et de réticences. Je rassurai mon oncle et m'excusai de mon mieux. Je m'étais oublié, j'avais brûlé la route, mon cheval s'était emporté. Cela dit aussi brièvement que possible; j'allai m'asseoir au bout de la table, à la place qui m'était réservée, et, pour me réconforter, je bus coup sur coup deux ou trois verres de vin d'Espagne.

Je ne me donne pas pour un héros ; cependant,
je tiens à vous dire que l'espèce de prostration où
j'étais en arrivant provenait uniquement de la course
effrénée que j'avais fournie ; l'émotion du danger
n'y entrait pour rien. Cette émotion, je ne l'éprouvai
qu'après coup, en me retrouvant en présence d'Henriette ; ce fut seulement en la revoyant que je me-
surai dans toute son étendue le péril auquel j'avais
échappé. A la pensée qu'il s'en était fallu si peu que
je ne la revisse jamais, j'eus peur, et, par je ne sais
quelle hallucination d'épouvante rétrospective, je
me sentis roulant au fond d'un ravin, avec une balle
dans la tête. Ce ne fut qu'un instant, et, brusquement, sans transition, je passai des affres de la mort
à l'enivrement de la vie. Je vivais, j'étais jeune, j'aimais ! Jamais Henriette ne m'avait paru si jolie,
jamais je n'avais été, comme à cette heure, enveloppé
du rayonnement de sa beauté. Il y avait là d'autres
femmes jeunes et belles ; je ne voyais, je n'entendais qu'elle. Elle m'observait d'un air inquiet ; je
jouissais délicieusement du trouble qu'elle ne cherchait pas à cacher, et qui me la rendait plus chère.
Une réaction violente se faisait en moi. L'atmosphère

de la salle, l'éclat des lumières, le parfum des vins,
le bruit confus des entretiens, tout se réunissait pour
surexciter mon cerveau. J'en arrivai bientôt à un
état d'exaltation fiévreuse dont j'avais conscience et
que je m'efforçais en vain de contenir : j'étais emporté par une sorte de vertige, comme, une heure
auparavant, par le galop de mon cheval. Une fois
encore j'oubliai tout, ma carrière, ma position, les
conseils de mon père, les traditions de ma famille,
le tribunal de Saint-Marcel, M. de Champbaudier,
les avertissements d'Henriette. Rien de tout cela
n'existait plus, n'avait jamais existé pour moi; je
vivais, j'étais jeune et j'aimais !

Au salon, pendant qu'on prenait le café, je me
trouvai seul un instant avec elle dans l'embrasure
d'une fenêtre.

— Qu'avez-vous? que s'est-il passé? demanda-
t-elle aussitôt d'un ton presque impérieux.

— Rien, lui dis-je.

— Vous me trompez.

Et comme elle insistait, je ne résistai pas à la
fantaisie d'éprouver son cœur.

— Eh bien, répliquai-je, puisque vous voulez le savoir, j'ai été attaqué, on a tiré sur moi.... Voilà tout.

A son tour, elle devint pâle comme la mort.

— Voilà tout ! voilà tout ! répéta-t-elle d'une voix tremblante. A votre avis, ce n'est pas assez.... Vous regrettez qu'on ne vous ait pas tué.

— Non, vraiment ! m'écriai-je, car je sens à présent plus que jamais tout le prix de la vie... Si j'avais été tué pourtant, cela vous eût donc fait quelque chose?

— Oh ! taisez-vous, taisez-vous ! dit-elle avec un accent profond et passionné.

Je n'attendis pas la fin de la soirée ; comme un joueur qui s'enfuit pour compter son or, j'allai m'enfermer dans ma chambre, et là, je m'abîmai dans la contemplation de mon bonheur. Aimé, j'étais aimé ! Tout me l'avait dit, je n'en pouvais douter : son effroi, sa pâleur, l'émotion de sa voix, la flamme de son regard, tout l'avait trahie, tout m'avait dit qu'elle m'aimait.

Mon bonheur, hélas ! fut de courte durée. Il y avait sur le marbre d'un guéridon plusieurs lettres à mon adresse, arrivées par le courrier du jour, et que, dans mon agitation, je n'avais pas remarquées d'abord; en les apercevant, je ne pus me défendre d'un sentiment d'appréhension, comme si je voyais dans chacune d'elles une menace de la destinée. Je me décidai enfin à les ouvrir, et, en les passant en revue, mes yeux rencontrèrent l'écriture de mon père: je frissonnai, mon cœur se serra. Ainsi que le style, l'écriture, c'est l'homme: droite, ferme, arrêtée, celle de mon père avait je ne sais quoi d'impératif et d'absolu qui me frappait pour la première fois. Je brisai le cachet, et je fus atterré: avec la concision, avec la précision d'un arrêt, il m'était enjoint de partir sur-le-champ, pour me rendre à Paris.

J'avais été élevé comme on l'est rarement aujourd'hui, dans les principes d'une soumission rigoureuse à l'autorité paternelle: si mon père était mon ami, il n'était pas mon camarade, et tout en moi ployait devant un ordre émané de lui. Je n'eus pas même la pensée d'un ajournement. La malle-poste partait le matin de Grenoble; il était minuit, je n'avais plus que quelques heures à passer sous ce toit où resterait ma vie. Depuis longtemps déjà la Cour royale avait repris le chemin de la ville; j'éveillai mon oncle, je lui dis adieu, puis je revins pour faire

mes préparatifs de départ. J'obéissais, mais en fré-
missant; j'obéissais, mais en rongeant mon frein.
Aveuglement de la passion ! j'aurais dû le bénir, cet
ordre de mon père, qui, en me rappelant, en me
forçant à m'éloigner, coupait court à mes entraînements, mettait fin à mes défaillances, et m'arrachait
victorieusement à l'abîme où je m'enfonçais de plus
en plus ; c'était mon salut, c'était surtout le salut
d'Henriette : j'aurais dû le bénir comme un bienfait,
comme une intervention de la Providence. Eh bien,
non ! Je ne sentais, je ne comprenais qu'une chose :
j'étais aimé et je partais ! elle m'aimait et je la quittais ! je partais sans avoir recueilli sur ses lèvres
l'aveu de sa tendresse ! je la quittais sans lui laisser,
dans une dernière entrevue, mon âme tout entière !
J'avais la tête en feu, j'étais ivre de désespoir.

J'habitais au rez-de-chaussée ; résolu à ne pas
me coucher, j'ouvris ma croisée et descendis sur la
terrasse. Il faisait une nuit splendide : la lune, ronde
et pleine, avait gagné le haut du ciel. Un calme uni-
versel régnait autour de moi, le calme des nuits sereines. Tout reposait; la maison était ensevelie dans
le silence du sommeil. Seule, Henriette veillait; sa

lampe brûlait encore. La chambre qu'elle occupait
était située au premier étage, presque au-dessus
de la mienne, à l'angle de la façade ; celle de
M. de Champbaudier, au même étage, à l'angle op-
posé ; les deux appartements séparés par une vaste
pièce qui servait de salon commun. Que de fois, à pareille heure, caché dans un massif, j'avais suivi d'un
œil éperdu les évolutions de son ombre sur les
rideaux ! Que de fois aussi, dès l'aube naissante,
j'étais venu à la même place épier le moment où
elle paraissait à sa fenêtre, rose, blanche et souriante comme un gai rayon du matin ! Maintenant je
lui adressais, dans mon cœur, un adieu suprême,
un adieu désolé.

J'étais là, les pieds scellés au sol, les yeux fixés
sur ses vitres, quand je vis soudain les rideaux s'a-
giter, et Henriette, comme si elle obéissait à une
évocation mystérieuse, vint, doux fantôme, s'accou-
der au balcon. Elle était enveloppée d'une pelisse ;
ses cheveux, à moitié défaits, s'enroulaient autour
de son cou et tombaient en désordre sur ses épau-
les. Elle demeura quelque temps absorbée dans une
rêverie profonde. Elle avait à la main le bouquet

d'arrière-saison qu'elle portait à la soirée : tout à coup, elle y plongea son charmant visage, et j'entendis qu'elle pleurait. En relevant la tête, elle m'aperçut : son regard resta attaché sur moi. Nous nous taisions ; pas une parole ne fut prononcée. Au premier mouvement qu'elle fit pour se retirer, je murmurai son nom et j'étendis les bras vers elle : elle mit un doigt sur sa bouche, laissa tomber son bouquet et rentra.

Ici, mon jeune ami, que se passa-t-il en moi? C'est à vous de me l'expliquer ; mon sang, glacé par l'âge, ne peut plus le comprendre. Tant d'émotions ressenties en si peu de temps m'avaient jeté dans un état indescriptible : j'avais perdu la conscience de moi-même, je ne me possédais plus. Que vous dirai-je? La croisée d'Henriette restait entr'ouverte : c'était une fascination. Je devins complétement fou. Un démon me poussait : je m'élançai contre la façade, je m'accrochai aux refends, je me suspendis aux moulures, je me cramponnai à toutes les arêtes, et, avant que j'eusse songé seulement à me rendre compte de l'acte insensé auquel je me livrais, j'arrivai, comme dans un rêve, jusqu'à la hauteur du balcon.

Au moment où je me disposais à le franchir, Henriette épouvantée se précipita au-devant de moi.

— Malheureux! vous me perdez, dit-elle.

Puis, par un brusque mouvement, elle prit ma tête entre ses mains et elle la couvrit de baisers.

— Et maintenant, ajouta-t-elle, va-t-en! va-t-en! et ne te tue pas!

J'étais le plus innocent, le plus candide des séducteurs. Une résistance farouche eût achevé de m'exaspérer: chose étrange! ce fut le contact de ses lèvres qui m'apaisa. Je m'en allais, j'en atteste le ciel! J'étais encore à l'âge béni où l'amour se contente de peu: je m'en allais, satisfait du prix qui venait de m'être octroyé, quand j'entendis le bruit d'une fenêtre qui s'ouvrait: c'était celle de M. de Champbaudier. Henriette s'enfuit, je n'eus que le temps d'enjamber la balustrade, et je me jetai dans sa chambre

A cet endroit de son récit, M. de R... s'était interrompu: un pâle sourire, reflet des joies perdues, erra un instant sur ses lèvres, une lueur attendrie éclaira ses tempes, et, comme si la fée du souvenir l'eût touché de sa baguette enchantée, il tomba dans

une méditation silencieuse que n'osa point troubler
son jeune confident.

Au bout de quelques minutes, il reprenait assez
gaiement :

Ce n'est pas tout que d'escalader les balcons : une
fois monté, il faut en descendre. J'ignore comment
s'y prenait Romeo; mais je tiens pour certain que
les balcons du palais Capulet à Vérone étaient mo ns
rudes à la descente que ceux du petit castel de mon
oncle en Dauphiné. A Dieu ne plaise, ô mon enfant,
que je pense à railler les souvenirs de ma jeunesse !
Il est bon pourtant que vous sachiez dans quelles
réalités vulgaires ou terribles peuvent s'achever ces
folles équipées, si poétiques en leurs commence-
ments.

L'alouette ne chantait pas; l'aube était loin encore de l'horizon; M. de Champbaudier avait refermé
sa croisée, et je m'en allais par où j'étais venu,
descendant pied à pied, les mains déchirées et les
ongles brisés, la route périlleuse que j'avais gravie
si facilement. C'est l'image des joies que donne la
passion : on y arrive d'un bond et enivré; on en re-

vient meurtri et tout saignant. Pour que rien ne manquât aux difficultés du retour, un brouillard léger, transparent, mais humide, s'était élevé de terre et avait trempé les arêtes qui, à chaque instant, se dérobaient à mon étreinte. Vingt fois, de guerre lasse, j'eus la pensée de me laisser choir, au risque de me rompre les os; la crainte de compromettre Henriette relevait mes forces, ranimait mon courage, et je m'incrustais dans la pierre. Si l'homme appliquait au bien la moitié seulement de l'énergie qu'il déploie dans le mal, où n'atteindrait-il pas? Enfin, après bien des péripéties, j'entrevoyais le port. Encore un effort, et j'étais sauvé! Je commençais à respirer, quand tout à coup mon pied glissa, et je fis un mouvement violent, désordonné, pour me rattraper à une des saillies. Puissances du ciel! je crus entendre, en ce moment, la trompette du jugement dernier. Une détonation formidable avait retenti, et, répercutée par les échos de la montagne, roulait, comme un tonnerre, dans le silence de la nuit. C'était l'explosion d'une arme à feu : le coup était parti tout près de moi. Henriette jeta un grand cri, et je tombai sur le pavé.

4

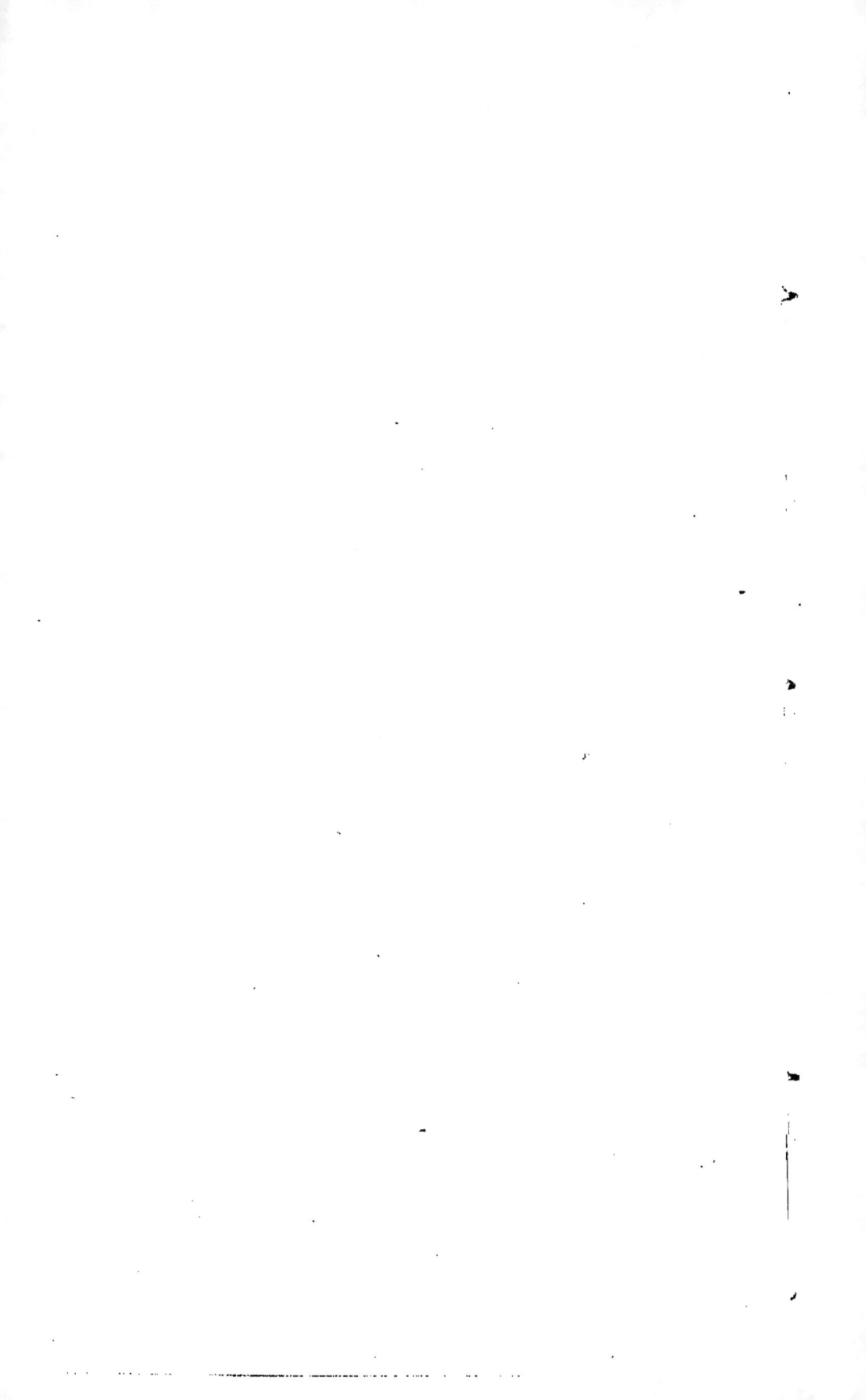

VI

J'étais tombé sans me faire aucun mal; je me relevai, convaincu qu'on m'avait pris pour un malfaiteur et qu'on venait de tirer sur moi. En moins
d'une minute, toute la maison fut en l'air: les abois
forcenés des chiens qui s'étaient élancés de leurs
niches auraient suffi pour y jeter l'alarme et pour
la réveiller de la cave au grenier. Les vitres s'éclai-
raient; les lumières couraient dans les appartements; un visage effaré se montrait à chaque ou-
verture. Déjà M. de Champbaudier s'était précipité
chez sa femme, et j'entendis qu'elle disait, folle de
terreur et de désespoir :

— Il est tué! il est tué! Qui est-ce qui l'a
tué?

Ce qu'il répondit ne vint pas jusqu'à moi. Elle

poussa un second cri, plus faible que le premier,
et il me sembla que sa vie s'exhalait dans un profond soupir.

Cependant des pas tumultueux ébranlaient les
marches de l'escalier; on tirait les verrous, on dé-
barricadait la porte; une immense rumeur remplissait le logis. J'étais toujours à la même place, hébété, stupide, anéanti, attendant que le ciel s'é-
croulât sur ma tête, quand j'aperçus à mes pieds,
gisant sur le sol, quelque chose qui reluisait. Je me
baissai machinalement et ramassai un pistolet dont
le canon, tiède encore, sentait la poudre fraîchement brûlée. Je retournais cette arme entre mes
mains, je l'examinais, je la reconnaissais. La pensée
est plus rapide que l'éclair : je compris tout. J'avais
repris ma veste de chasse : le pistolet, vous vous en
souvenez, qu'après l'attaque au coin du bois j'avais
glissé dans la poche de cette veste, et que, par un
funeste oubli, je n'avais pas songé à retirer, en était
sorti violemment pendant que je descendais du balcon, et, en frappant le pavé, il était parti dans le
choc. Puisque je n'avais pas été surpris comme un
larron, tout n'était pas désespéré : avec un peu d'a-

dresse et beaucoup de mensonges, je pouvais sauver
Henriette.

Les deux battants de la porte venaient de s'ouvrir
avec fracas ; tous les serviteurs, armés jusqu'aux
dents, mon oncle et M. de Champbaudier en tête,
firent irruption sur la terrasse : M. le président et
M. le conseiller dans un costume de nuit des plus
galants, et qui m'eût égayé en toute autre rencontre. On m'entourait, tout le monde parlait en
même temps, vingt questions m'assaillaient à la fois.
M. de Champbaudier seul se taisait : les mains en-
foncées dans les poches de sa robe de chambre à
ramages, il m'envisageait d'un œil inquisiteur qui
ne promettait rien de bon.

J'avais ressaisi mes esprits ; avec un aplomb, avec
une aisance dont je suis loin de me vanter, j'entamai
une explication qui, à défaut de vérité, ne manquait
pas de vraisemblance. Prêt à partir au point du
jour, je m'étais jeté sur mon lit, après avoir fermé
ma valise. Tout à coup, le sable avait crié sous un
pas furtif et rôdeur. Je m'étais élancé, j'avais sauté
sur la terrasse, et m'étais trouvé face à face avec un
homme de mine patibulaire, qui n'avait pu s'intro-

4.

duire qu'avec effraction ou par escalade. A mesure
que j'avançais dans mon récit, je sentais se déve-
lopper en moi une facilité d'invention, un talent de
composition et de mise en scène sur lequel je n'aurais pas osé compter. A la clarté de la lune, j'avais
vu l'homme comme en plein midi. Je donnai son
signalement : collier de barbe rouge, cheveux roux
en broussailles, sourcils touffus, taille courte et tra-
pue, blouse de toile grise. A mon aspect, il avait
fait un geste menaçant, un mouvement de bête fauve
qui va se ruer sur sa proie. J'étais armé; je l'avais
ajusté; mon coup de feu était parti alors qu'il montrait les talons, et, comme dernier trait de réalité,
j'ajoutai que je pensais l'avoir atteint.

Cette relation présentait un tel caractère de vraisemblance et de bonne foi, qu'il n'aurait pu venir
à l'esprit de personne d'en suspecter la sincérité.
M. de Champbaudier pourtant ne paraissait pas bien
convaincu : son gros œil plein de défiance restait
rivé sur moi, et semblait chercher à lire jusqu'au
fond de mes entrailles. Quand j'eus fini, on se porta,
suivant mon indication, vers l'endroit par où le
bandit s'était échappé en se laissant glisser le long

du mur. Heureusement, la lune, en cet instant, se cachait derrière les monts; le brouillard épaississait, et l'obscurité croissante s'opposait à l'inspection des lieux.

— C'est bien, monsieur, dit enfin le président qui, jusque-là, n'avait soufflé mot : nous verrons cela au jour. Puisqu'un malfaiteur s'est introduit ici, il a dû laisser des traces de son passage : la justice informera. S'il est blessé, comme vous le pensez, il ne peut être loin : nos gens vont courir après lui. Dans tous les cas, grâce à votre sang-froid que j'admire, grâce surtout à la promptitude, à la subtilité de votre coup d'œil vraiment merveilleux, nous avons de toute sa personne un signalement si net, si précis, qu'il ne saurait se dérober longtemps aux recherches de l'autorité : je vous fais mon compliment, monsieur!

Et là-dessus, accompagné de mon oncle qui se confondait en excuses et s'exhalait en doléances; il se dirigea du côté de la maison, pendant qu'une demi-douzaine de serviteurs partaient, comme des limiers, pour battre la campagne.

Quelle nuit! je n'étais pas au bout. Il était trop

clair que M. de Champbaudier n'acceptait pas comme paroles d'Évangile la petite histoire que je venais de débiter. M. de Champbaudier flairait évidemment un mystère. Il n'aurait pu dire ce qui s'était passé, mais il sentait qu'il s'était passé quelque chose que je ne disais pas. Il ne pouvait s'expliquer autrement que je ne l'expliquais moi-même la détonation qui l'avait réveillé en sursaut; mais un instinct l'avertissait, tous ses soupçons élevaient la voix pour lui crier que je le trompais. Il était impossible que, pendant la soirée, il n'eût pas remarqué mon trouble et celui d'Henriette. Quand il avait ouvert sa fenêtre, ce n'était pas pour consulter les astres : c'est qu'il avait perçu des bruits suspects. Enfin, l'état violent dans lequel il avait trouvé sa femme n'était pas fait, il faut le reconnaître, pour le disposer à la crédulité. Il n'était pas douteux qu'au lever du jour, M. de Champbaudier ne se rendît sur le théâtre du prétendu délit pour rechercher s'il en existait réellement des traces : il s'agissait donc pour moi de donner un corps à mes fictions, il s'agissait de fabriquer, à l'appui de mes mensonges, des témoignages irrécusables, lumineux comme la vérité.

J'avais regagné mon appartement, et j'attendais avec anxiété que la maison rentrât dans le repos d'où je l'avais tirée. Au bout d'une heure, tout était redevenu silencieux. Le brouillard avait redoublé d'intensité ; quoique avancée, la nuit sans lune et sans étoiles se prêtait à mes nobles desseins. Je sortis à pas de loup, et m'appliquai d'abord à érailler le sable de distance en distance, en figurant la trace des longues enjambées d'un homme qui s'enfuit. Les chiens qui avaient commencé par gronder, s'étaient tus en me reconnaissant. Je m'enfonçai dans le massif, j'en écartai les branches, j'en brisai quelques-unes. Je ne m'en tins pas là : je me laissai couler le long du mur, je le dégradai par places, j'éventrai la haie qui en défendait les abords. Aux alentours, je piétinai sur l'herbe, j'ouvris un passage à travers les ronces, je foulai les broussailles, j'écrasai les ajoncs. Ce glorieux travail accompli, je fis un long détour et rentrai par la grille dont j'avais une clef. Comme je montais les degrés du perron, je me rencontrai nez à nez avec M. de Champbaudier, plus blafard, plus livide que le jour qui se levait.

— Encore sur pied, monsieur le substitut! dit-il
en me lançant un regard louche et fauve.

— Oui, répliquai-je d'un ton dégagé : j'étais allé
jusqu'à la grille pour voir si nos gens revenaient.

— C'est du zèle, monsieur, c'est du zèle! Vous
êtes admirable en tout.

Notre entretien en demeura là. Mon départ était
forcément ajourné ; rentré chez moi, le front collé
contre une vitre, j'eus la satisfaction de constater
de visu le prompt effet de mes manœuvres. M. de
Champbaudier et mon oncle qui venait de se
joindre à lui, suivaient pas à pas les traces que j'a-
vais simulées. A la lueur du crépuscule matinal, je
les voyais s'avançant côte à côte, et courbés jusqu'à
terre comme s'ils cherchaient dans le sable des
améthystes et des émeraudes. Ployés en deux, les
mains sur les genoux, pareils à deux arcs de cercle
parallèles, ils restaient en arrêt devant chaque empreinte, et on eût dit alors qu'ils retenaient leur
haleine, de crainte d'en altérer les contours. Après
un examen silencieux, ils se redressaient, ils péro-
raient, ils gesticulaient, ils se baissaient de nouveau
pour mieux considérer la chose. Entraînés par les

découvertes qui se multipliaient, ils s'étaient éloi-
gnés de plus en plus, et avaient fini par disparaître
dans la brume. Henriette était sauvée, je le croyais
du moins; il ne s'agissait plus que de la rassurer et
de la prémunir contre elle-même. Je la trouvai debout, en proie à une agitation qui touchait au délire.
Je l'apaisai, je la mis au courant de tout, je la sup-
pliai de me pardonner, je baisai ses mains dans un
dernier adieu ; puis, m'esquivant de peur d'être
surpris, j'allai me mêler aux groupes qui se for-
maient sur la terrasse.

La nouvelle s'était déjà répandue ; les serviteurs,
lancés à la poursuite du bandit, l'avaient semée partout sur leur chemin, dans les fermes et dans les
bourgs. On accourait de toutes parts ; la stupeur
était générale. En quel temps vivions-nous! Qui
pouvait se croire en sûreté, quand la demeure des
magistrats eux-mêmes n'était pas à l'abri des entreprises criminelles? Une maison si bien famée, si
bien habitée, si bien fréquentée! qui avait pour
hôtes M. le président, M. le conseiller, M. le substitut! où, quelques heures avant l'attentat, toute la
Cour royale de Grenoble festinait à la même table!

Il ne restait plus aux malfaiteurs qu'à s'introduire avec effraction ou par escalade dans les casernes de gendarmerie. On se pressait autour de moi ; je dus vingt fois redire mon récit, vingt fois répéter mes mensonges. Ce n'était rien encore. Mon oncle avait, dès le matin, dépêché un exprès à la ville ; dans l'après-midi, nous vîmes arriver en poste le procureur du roi, le juge d'instruction et le greffier du tribunal : l'action de la justice commençait. Nouvelle procession, nouvelles stations sur le théâtre du délit ! Bref, je fis ma déposition, et, quand le greffier l'eut écrite, M. de Champbaudier, qui ne m'avait pas plus quitté que mon ombre, me présenta gracieusement une plume pour la signer. Ici, tous mes instincts se soulevèrent, ma conscience se révolta. Je pensais à mon père, à l'honneur de mon nom : je souhaitais que le sol s'entr'ouvrît sous mes pieds ; j'étais tenté de m'enfuir et d'aller me jeter dans l'Isère. Cependant, debout et immobile devant moi, M. de Champbaudier me présentait la plume fatale. Je le regardais : je croyais voir le diable en personne.

— Eh bien, monsieur ?... dit-il enfin avec un exécrable sourire.

Je crus entendre la voix d'Henriette qui me criait :
Sauve-moi ! sauve-moi !

Comme un homme qui se précipite tête baissée
dans le gouffre qu'il ne peut éviter, je saisis la plume
et je signai.

— Ce n'est pas tout, monsieur, reprit l'enragé
président d'une voix mielleuse où perçait le venin,
il reste encore à retrouver votre homme : il faut
qu'il se retrouve, monsieur !

— Ma foi ! m'écriai-je assez vivement, c'est affaire
à la police et à la gendarmerie royale. La montagne
a des abris où il n'est pas aisé de pénétrer, ce ne
serait pas le premier coquin qui aurait échappé à la
justice.

— Il faut qu'il se retrouve, monsieur ! Il le faut !
il le faut ! répéta-t-il avec une insistance qui fit courir un frisson dans mes os.

Je ne sais pas ce qui m'empêcha de lui sauter à
la gorge et de l'étrangler sur place.

Était-ce assez d'abaissement ? assez d'abjection ?
assez d'ignominie ? Ainsi, moi, magistrat, je venais
d'égarer, de mystifier, de bafouer la justice ! Moi
qui, dans la poursuite des délits, me devais tout

5

entier à la recherche, au respect, au triomphe de
la vérité, je venais de forger les preuves d'un délit
qui n'existait pas! Voilà où j'en étais arrivé! Voilà,
mon enfant, où on en arrive, une fois engagé dans
les voies tortueuses qui s'écartent du droit chemin.
On voulait n'y mettre que le pied, et tout au plus y
faire un pas ou deux; il est déjà trop tard pour en
sortir. On s'y enfonce, on s'y empêtre, on s'y em-
bourbe, et on s'en tire comme on peut, dégradé à
ses propres yeux. J'étais rendu, j'avais hâte de m'arracher à l'atmosphère empoisonnée où j'étouffais
depuis quelques heures. Ma présence à la Roseraie
était désormais inutile; je pris congé dans la soirée,
et j'allai coucher à Grenoble. Le lendemain, je partais pour Paris, le cœur noyé de honte et de dégoût.

VII

J'occupais seul l'intérieur de la malle-poste; mes
réflexions étaient amères. Je n'emportais pas même
avec moi la consolation d'avoir, au prix de ma
dignité, assuré le repos d'Henriette. Je m'étais avili
sans profit, je la laissais en proie aux soupçons de
l'affreux président; je n'aurais été dans sa destinée
qu'un surcroît de malheur. J'étais à bout de forces,
mon corps et mon esprit ployaient sous une lassi-
tude écrasante : je tombai peu à peu dans un acca-
blement qui me délivra du supplice de mes pensées. Les relais succédaient aux relais, les horizons
se renouvelaient, les paysages fuyaient le long de la
route : affaissé sur moi-même, c'est à peine si, dans
l'état de torpeur où j'étais, je sentais vivre encore
mon amour. Vous l'avouerai-je? mon amour se

mourait de honte, lui aussi ! L'amour est fier de sa
nature, il respire difficilement dans les bas-fonds où
je l'avais traîné. Combien de temps dura ce voyage?
J'avais oublié quel en était le but, je ne comptais ni
les nuits ni les jours. Pourquoi me trouvais-je dans
cette boîte roulante? Je ne le savais plus. Quels
étaient les fleuves qui coupaient les vallées? quelles
étaient les villes, bruyantes ou silencieuses, que je
traversais au galop des chevaux? Tout m'était indifférent. Un matin, en mettant la tête hors du vasis-
tas, je vis les tours de Notre-Dame qui se dressaient
devant moi dans la bruine : je tressaillis comme si
on m'eût arraché brusquement au sommeil, le sentiment de la réalité me ressaisit violemment tout
entier. Mon père m'attendait, j'étais parti pour me
rendre à son ordre : j'arrivais; dans une heure je
serais devant lui. Pourquoi me rappelait-il? qu'avait-
il à me dire? de quel front allais-je l'aborder? A
chacune de ces questions, j'étais près de défaillir.
Il faisait encore nuit quand la malle s'engouffra dans
la cour de l'hôtel des postes. Je gagnai à pied le
quartier retiré où j'avais grandi, et qui, dans Paris,
était pour moi comme une patrie; à mesure que

j'en approchais, je ralentissais le pas. Je restai
longtemps accoudé sur le parapet du Pont-Royal,
regardant le cours de la Seine, écoutant le bruisse-
ment de l'eau sous les arches, sans pouvoir me décider à m'enfoncer dans la rue du Bac. J'errai longtemps aux abords de la rue du Cherche-Midi avant
d'oser y pénétrer. Le mouvement de la ville commençait. De lourdes charrettes ébranlaient le pavé;
l'*Angelus* sonnait aux églises voisines; de confuses
rumeurs s'éveillaient aux clartés de l'aube. J'avais
passé et repassé dix fois, comme un proscrit, devant
l'hôtel où habitait mon père. Je soulevai enfin le
marteau de bronze : le bruit qu'il fit en retombant
retentit dans mon cœur comme un glas. Je poussai
la porte massive; en me retrouvant dans cette demeure où ma jeunesse n'avait reçu que de bons
exemples, je sentis redoubler mes remords et mon
effroi. Fidèle à ses habitudes matinales, mon père
était déjà dans son cabinet de travail. Il se leva
gravement en me voyant entrer : ses traits avaient
une expression sévère. Il me tendit froidement la
main, je l'embrassai; j'étais plus mort que vif.

— Vous êtes en retard de vingt-quatre heures,

dit-il; je vous attendais hier. Vous n'avez pas eu d'accident de route?

— Non, mon père. Un incident imprévu et qui nécessitait ma présence, m'a forcé de rester chez mon oncle un jour de plus que je ne le devais.

— Je vous revois avec un visage fort défait, ajouta-t-il en attachant sur moi un regard moins tendre qu'investigateur. Vous n'êtes pas souffrant? vous n'avez pas été malade?

— Non, mon père; c'est la fatigue du voyage.

— Vous ignorez pourquoi je vous ai rappelé?

— Je ne m'en doute pas, mon père.

— Asseyez-vous, je vais vous l'apprendre.

Je me laissai tomber sur une chaise : j'aurais été plus à l'aise en cour d'assises, au banc des accusés.

Après un moment de silence :

— Vous vous souvenez encore, j'aime à le croire, des conseils que je vous donnai la veille de votre départ pour Saint-Marcel?

— Je ne les ai point oubliés.

— Les avez-vous suivis?

Une sueur froide mouillait mes tempes, mon cœur ne battait plus, la vie m'abandonnait.

— Répondez, reprit-il, les avez-vous suivis?

— Je ne pense pas, répliquai-je d'une voix mourante, avoir failli à aucun de mes devoirs pendant le cours de ma première année judiciaire.

— Vous n'avez rien à vous reprocher?

— Rien, mon père.

— Vous en êtes sûr?

— J'oserais l'affirmer.

— D'où vient donc que le garde des sceaux m'a fait appeler pour me parler de vous?

— De moi, mon père!

— De vous. C'est à ma considération seule que vous n'êtes pas révoqué au début de votre carrière, ou tout au moins réprimandé officiellement.

J'étais perdu! Dans l'effarement de ma conscience, je m'imaginai que ma honte n'était déjà plus un mystère; je crus que le secret en avait transpiré, qu'elle était dans l'air, que le garde des sceaux était instruit de tout. Je voulais me jeter aux pieds de mon père, embrasser ses genoux et lui demander grâce : la stupeur m'avait changé en pierre.

Mon père poursuivit :

— Il paraîtrait, mon fils, que vous vous montrez

fort inconsidéré dans vos discours, sinon dans vos
actions. Il paraîtrait que vous ne vous gênez guère
pour tenir en toute occasion des propos au moins
déplacés dans la bouche d'un magistrat. Il paraîtrait,
en un mot, que vous exprimez librement, haute-
ment les opinions les plus hostiles au gouvernement
actuel. Vous êtes signalé tout à la fois comme un ré-
volutionnaire et comme un bonapartiste ; bref, vous
êtes un ennemi du roi.

Je tombais des nues, mais singulièrement allégé :
je me gardai de l'interrompre. Dans un langage
austère où respirait la plus haute raison, il discourut
longuement sur l'attitude et les devoirs du magistrat à l'endroit des gouvernements. Il ne blâmait ni
mes sympathies, ni mes regrets, ni mes préférences ;
seulement, il entendait que le secret en demeurât
au fond de mon cœur. Il estimait que le magistrat,
non plus que le prêtre, ne doit se mêler à la politique ; selon lui, la justice et la religion devaient se
tenir au-dessus des partis, en dehors des passions,
dans les régions sereines. J'écoutais comme un
homme qui, sur le point d'être passé par les armes,
en serait quitte pour une homélie.

— Mon père ! m'écriai-je d'une voix assurée quand il eut fini, je n'ai qu'un mot à répondre aux réprimandes que vous m'adressez : je ne les ai point méritées. Je n'ai tenu aucun des propos qu'on me prête charitablement ; je ne me suis départi, en aucune occasion, du respect que je dois au gouvernement qui m'emploie. Mon père, vous pouvez m'en croire ! Je suis victime d'une dénonciation d'autant plus odieuse qu'elle est en même temps une dénonciation et une calomnie.

— Je vous crois, mon fils, je vous crois, répondit mon père avec sérénité. J'ai pu vous accuser d'étourderie ; à Dieu ne plaise que je m'abaisse jamais jusqu'à vous accuser de mensonge !

Je courbai la tête ; mon supplice recommençait.

— Dites-moi, Paul, continua-t-il d'un ton plus affectueux, devinez-vous d'où le coup part? Est-il, de par le monde, une personne à qui vous puissiez en attribuer l'honneur?

— Il n'en est point ! Je ne me connais pas d'ennemis ; si je m'en connaissais un seul, je craindrais de lui faire injure en le soupçonnant d'une semblable vilenie.

5.

— Vous m'avez écrit que M. de Champbaudier
était à la Roseraie en même temps que vous : en
quels termes étiez-vous ensemble?

— Mais, mon père... en bons termes.

— Vous n'avez rien fait qui pût l'offenser?

Je me tus, comme pour consulter mes souvenirs.

— Madame de Champbaudier accompagnait-elle
son mari?

— Oui, mon père.

— Vos lettres ne m'en avaient rien dit.

Il me regardait fixement : tout mon sang était à
ma face.

— Au temps où nous vivons, reprit-il, la politique
se glisse partout, même à la campagne; il n'est
point d'intimité qui soit à l'abri de ce fléau. Ne vous
est-il jamais arrivé de penser tout haut devant M. de
Champbaudier?

J'interrogeai ma mémoire, et je me souvins qu'en
effet, à la Roseraie, en présence du président, il
m'était arrivé d'avancer et de soutenir, dans un langage très-mesuré d'ailleurs, des opinions qui n'é-
taient plus les siennes; mais, venant de lui, la dénonciation dont j'étais l'objet prenait un caractère

tellement monstrueux, que, dans ma candeur, ou plutôt dans ma stupidité, malgré tout ce que je savais, malgré tout ce que m'avait dit Henriette, j'hésitais à la lui attribuer.

— Je ne m'en défends pas, répliquai-je : parfois, devant M. de Champbaudier, je me suis permis de parler sans haine ni mépris de la Révolution française, du génie de l'Empereur et de la gloire de nos armes.

— Ah! vous vous êtes permis cela devant M. de Champbaudier... Eh bien, voilà d'où est parti le coup, c'est lui qui vous a dénoncé, dit mon père du même ton que s'il se fût agi de l'action la plus simple du monde et la plus naturelle.

— Quoi! mon père, vous croyez M. de Champbaudier capable...

— Si je l'en crois capable! s'écria-t-il en se levant, si je l'en crois capable! répéta-t-il d'une voix où grondait une sourde colère. Un avocat qui a trahi son client! un magistrat de contrebande qui s'est fait l'instrument servile des réactions qui viennent de consterner la France! un malheureux qui a spéculé sur la terreur qu'inspirait sa bassesse pour

extorquer la main d'une fille de bonne maison ! Si
je l'en crois capable !... si je le crois capable de
dénoncer les gens !... Je le connais; je l'ai trouvé
sur mon chemin. Cet homme est capable de tout,
même de calomnier une femme.

Il demeura quelque temps silencieux, debout et
appuyé contre le chambranle de la cheminée.
Qu'avait-il voulu dire? à quoi faisaient allusion les
dernières paroles qu'il avait prononcées? Je ne l'ai
jamais su; M. de Champbaudier le savait sans doute.

— Que c'est bien de votre oncle de s'être em-
pressé d'attirer chez lui un pareil hôte !... Que je
reconnais bien là mon pauvre frère !... Ah ! Philinte !
Philinte !... Laissons-là ce Maugars, ajouta-t-il avec
un geste de dégoût. Je ne vous ai pas rappelé seulement pour vous adresser des remontrances, j'éprou-
vais le besoin de vous voir, mon ami. Vous ne
m'aviez jamais quitté; cette maison est bien grande,
est bien vide, depuis que vous n'y êtes plus. Je vous
ai mal reçu tout à l'heure : venez, mon fils, venez
dans mes bras.

Moment doux et cruel ! Rien n'est doux en effet
comme l'expansion de ces natures habituellement

fermées, de même que rien n'est charmant comme
la grâce dans la force; mais la tendresse de mon père
me remplissait de confusion. En recevant les témoignages de son affection, je regrettais la sévérité de
son accueil; en me pressant contre son cœur, il enfonçait l'aiguillon du remords plus avant dans le mien.

— Maintenant, il faut aller vous reposer, dit-il.
Je reverrai le garde des sceaux. Il avait décidé que
vous changeriez de résidence; c'est une satisfaction
que nous ne donnerons pas à l'honnête M. de Champbaudier. J'en fais mon affaire. Vous retournerez à
Saint-Marcel, et nous aviserons plus tard. Allez
dormir et dormez bien : vous n'en pouvez plus,
mon cher Paul.

Je n'en pouvais plus, mon père disait vrai. Les
émotions du retour avaient été le coup de grâce;
j'étais littéralement broyé. Je me retirai dans la
chambre que j'avais de tout temps occupée, où s'é-
taient écoulées les heures studieuses de ma jeunesse,
et qui n'avait pas cessé de s'appeler la chambre de
M. Paul. Je la retrouvai telle que je l'avais laissée.
Mes livres étaient à la même place; je reconnaissais,
comme de vieux amis, tous les objets qui m'entou-

raient. Les rideaux étaient fermés; un feu clair pétillait dans l'âtre. Tout respirait dans ce réduit le calme et le recueillement. Je donnai un coup d'œil au jardin qui s'étendait sous ma fenêtre : les lilas étaient encore verts; les feuilles jaunies des acacias jonchaient le sable de l'unique allée qui tournait autour d'un gazon; les merles couraient dans les fourrés; les chrysanthèmes étaient près de fleurir; quelques roses attardées frissonnaient dans l'air du matin. C'est là que j'avais joué tout enfant; c'est dans cet étroit espace qu'étaient éclos mes premiers rêves. Je m'attendrissais, mon cœur s'apaisait. Il y avait, dans le fait même de la dénonciation dirigée contre moi, quelque chose qui, loin de m'irriter, me soulageait étrangement. La dénonciation de ce bon M. de Champbaudier était nécessairement antérieure de plusieurs jours à la fatale nuit qui avait précédé mon départ; j'y cherchais une excuse à mes fautes, j'y trouvais presque ma justification; je n'étais pas éloigné de penser que j'avais usé d'un droit légitime, du droit de représailles. Je finis par me plonger dans mon lit, et ne tardai pas à m'endormir d'un profond sommeil : je l'avais bien gagné.

VIII

La passion a cela de particulièrement terrible,
qu'elle décolore et désenchante tous les autres aspects de la vie. Je m'étais figuré que j'allais rentrer,
non-seulement sans efforts, mais encore avec dé-
lices, dans mes habitudes paisibles et régulières.
L'épreuve que je venais de traverser n'était pas faite
pour m'encourager, pour me pousser dans la voie
des aventures romanesques; je n'étais plus avide
que de réalités bourgeoises. Je ne rêvais que joies
du foyer, scènes d'intérieur, idylles domestiques.
J'étais altéré de prose, affamé de vulgarité. Le grand
chemin, les sentiers battus ne répondaient pas suf-
fisamment à la modestie de mes désirs, à l'humilité
de mon ambition : j'aspirais à l'ornière. Hélas! au
bout de quelques jours passés chez mon père, j'étais

déjà la proie d'un incurable ennui. Comme l'homme
de mer, à peine dans le port, je regrettais déjà les
vents, les flots et la tempête. Que cette maison me
semblait morne et sombre! ce jardin, petit et res-
serré! l'existence que je menais, terne, lourde, acca-
blante en sa monotonie! Combien Paris lui-même
me paraissait pauvre et borné, quand je me rappelais les grands spectacles de la nature en présence
desquels j'avais vécu deux mois! En quelle pitié je
prenais ses rues, ses quais et ses boulevards! en
quelle pitié aussi, en quel dédain, les intérêts pu-
blics qui s'agitaient alors! Que tout était mesquin,
misérable à mes yeux! Je songeais à mes courses
vagabondes, je revoyais, comme dans un mirage,
les vallées et les monts, je respirais la senteur des
orêts, j'entendais le bruit des cascades : je traînais
partout la nostalgie qui me consumait.

Que devenait Henriette, cependant? qu'avais-je
fait de sa destinée? Gémissait-elle sous le joug qu'un
soir, au bord du lac, elle m'avait montré suspendu
sur sa tête? Lui avais-je enlevé les seuls biens de sa
vie, la gaieté et la liberté? N'avais-je saisi ma chi-
mère, ne l'avais-je pressée un instant dans mes bras

que pour lui briser les deux ailes? M'avait-elle pardonné? Ne me maudissait-elle point? Mon souvenir
ne lui était-il pas amer? Ne devais-je plus la revoir?

Pour que rien ne manquât au martyre que j'endurais, mon père, dans sa sollicitude, m'avait ménagé des distractions auxquelles j'étais loin de
m'attendre. A peine remis de mes fatigues, il
m'emmenait dans son carrosse, à la campagne d'un
de ses amis. Cette campagne, située près de Nanterre, se composait d'une maison sans style, d'une
basse-cour où gloussaient quelques volailles, et d'un
jardin de deux arpents où les laitues, les soucis,
l'oseille et les tournesols poussaient pêle-mêle et vivaient fraternellement entre quatre murs. On y arrivait par une route poudreuse, à travers des terrains
vagues et dénudés: pas un filet d'eau, pas un bouquet
d'arbres, pas même un champ de luzerne à l'entour.
C'est là que M. X... passait la saison des vacances en
compagnie de madame X... et de mademoiselle Angélina, leur fille. C'est là, au sein de la nature, qu'il
venait chaque année se reposer de ses travaux, et
s'écrier avec Virgile : Heureux l'homme des champs,
s'il connaît son bonheur ! M. X... connaissait son

bonheur : quand il avait pu tuer une douzaine de
colimaçons avant l'heure de son déjeuner, plus heureux que Titus, il n'avait pas perdu sa journée. Raide,
froide, guindée, toute hérissée de ses devoirs, madame X... était une de ces femmes qui semblent
créées tout exprès pour rendre la vertu haïssable.
Mademoiselle Angélina avait dix-sept ans, et ne paraissait pas en avoir plus de vingt-cinq. Elle était
longue, maigre, sèche, et blanche comme un cor-
beau. Ornée des qualités les plus rares d'ailleurs, elle
justifiait son nom d'Angélina : sa mère assurait qu'elle
était un ange. Quelle journée! Je pensai n'en voir
jamais la fin. Le soir, en revenant, mon père ne
tarissait pas sur les perfections de ce ménage digne
des temps bibliques. Je le laissais dire, il ne m'en
coûtait pas de reconnaître que M. X... était le flambeau de la magistrature, madame X... la gloire de
son sexe, mademoiselle Angélina un ange exilé sur
terre, et leur campagne un spécimen de l'Arcadie,
un échantillon de la vallée de Tempé.

Deux jours après, mon père m'entraînait à la
campagne d'un autre magistrat de ses amis. J'en
arrivais à croire que le monde n'était plus peuplé

que de juges. Là, comme à Nanterre, il y avait un ange : celui-ci, du moins, avait la beauté du diable. Le soir, en me ramenant dans son carrosse, mon père énumérait avec complaisance tous les mérites de cette famille digne de l'âge d'or : je l'écoutais sans chercher à le contredire.

Deux jours plus tard, je l'accompagnais en visite, au Marais, chez un troisième magistrat de ses amis. Là aussi il y avait une jeune fille en sa fleur. Sans être jolie, mademoiselle Claire ne manquait pas pourtant d'agrément : avec sa taille mince et ronde, sa mine éveillée, son nez retroussé, et ses petits yeux vifs, pétillants de malice, noirs comme deux pruneaux, elle avait l'air d'un gentil lutin.

— Mademoiselle Claire est tout à fait charmante, dis-je à la mère, qui leva les yeux au ciel et me répondit :

— C'est un ange !

— Encore un intérieur de patriarches ! disait mon père.

— Encore un ange ! me disais-je.

J'étais sans défiance et ne me doutais de rien : je me laissais conduire comme un mouton qu'on mène

à la boucherie. Les choses ne devaient pas s'arrêter
en si beau chemin. Il y eut à l'hôtel de la rue du
Cherche-Midi un grand dîner de magistrats, suivi
d'une petite fête dont les trois anges étaient le plus
bel ornement. Mademoiselle Angélina chanta en s'ac-
compagnant avec la harpe. Je me reportais aux soirées de la Roseraie : j'étais submergé de tristesse.
On dit qu'il n'est pas de bonne fête sans lendemain :
le lendemain, mon père m'appelait dans son cabinet,
et, comme si ce n'était pas assez de toutes les tri-
bulations que j'avais essuyées, de tous les désastres
auxquels j'échappais à peine, il me signifiait nettement, à brûle-pourpoint, que l'heure était venue de
songer à me marier. Plus clairvoyant que son frère,
avait-il deviné quelque chose de ce qui se passait
en moi? Soupçonnait-il une partie de mes égare-
ments? Rapprochée de la présence d'Henriette à la
Roseraie, la dénonciation de M. de Champbaudier
l'avait-elle mis sur la voie de la vérité? La mélancolie que je laissais paraître était-elle pour lui un
avertissement, et jugeait-il prudent de brider ma
jeunesse? A rien de tout cela il ne fit allusion.
C'était son avis, c'est aujourd'hui le mien, qu'un

magistrat doit se marier jeune. Il pensait aussi que,
le corps de la magistrature ayant ses mœurs et ses
traditions comme la noblesse, les familles de magistrats devaient, autant que possible, se rechercher
et s'allier entre elles. Il avait mon âge quand il
s'était marié, et il avait épousé la fille d'un conseiller au parlement; il n'avait jamais vu, sans un
vif déplaisir, les fourrures et les mortiers s'unir à la
finance. Je savais trop bien que mon père n'était
pas homme à consulter son fils, même sur des
questions si délicates : quoique résolu cette fois à
user de mon libre arbitre, je n'essayai pas de résis-
ter ouvertement, je me bornai à demander du
temps.

— Il ne s'agit pas, répliqua-t-il, de vous marier
aujourd'hui ou demain. J'ai toujours considéré le
mariage comme une chose grave, et qui mérite réflexion. Vous pouvez choisir entre trois jeunes filles
également bien élevées, appartenant toutes les trois
aux familles les plus honorables. Elles ne sont ni
des merveilles de grâce ni des miracles de beauté;
mais il n'est pas de nécessité absolue qu'un magistrat ait une jolie femme. Ce qui importe, c'est

que la compagne dont vous aurez fait choix, veille assidûment à l'honneur de votre foyer, c'est que la simplicité de ses goûts réponde à l'austérité de vos fonctions : il ne sied pas que nos demeures soient hantées par le luxe et la dissipation. Vous allez partir pour retourner à Saint-Marcel : vous réfléchirez, vous consulterez votre cœur, et vous m'écrirez ce qu'il vous aura conseillé.

Je n'avais plus à consulter mon cœur; mon cœur avait parlé, et mon choix était fait. Les perspectives que mon père venait de dérouler à mes yeux auraient suffi pour me rejeter dans la passion; je n'avais pas attendu jusque-là pour m'y replonger tout entier. Mon amour, qui avait été sur le point de s'éteindre, s'était réveillé plus ardent que jamais sous les étreintes de l'ennui; étouffé un instant par le remords, il avait repris peu à peu le dessus, à son tour il avait étouffé les révoltes de ma conscience. De quoi s'agissait-il, après tout? d'un délit supposé, d'un attentat imaginaire. Le grand crime et le beau malheur! La justice en serait pour ses frais de déplacement, la gendarmerie de l'Isère pour quelques excursions hygiéniques dans le pays : voilà, en fin

de compte, à quoi se réduisaient mes méfaits!
Etait-ce un cas pendable? fallait-il, pour des pecca-
dilles, se flageller, porter un cilice et coucher sur la
cendre? Je plaisantais agréablement, je me raillais
finement moi-même. J'allais plus loin encore, je me
glorifiais dans ma dégradation, je me faisais un pa-
vois de ma honte : en m'abaissant pour sauver la
femme que j'aimais, je m'étais élevé. Le croirez-
vous? Après tant d'angoisses, après tant de tortures
qui auraient dû me rendre la raison, ma folie recommençait, je ne pensais qu'à retrouver Henriette.
Le souvenir de la dernière nuit que j'avais passée à
la Roseraie flambait dans mon cerveau comme un
incendie par un vent d'orage. Quel obstacle, quelle
barrière m'empêcherait de la revoir? Elle m'aimait,
elle était à moi. Je savais comment on s'y prenait
pour escalader les balcons. Je connaissais, entre
Saint-Marcel et Grenoble, de frais réduits, de mystérieux asiles qui semblaient faits pour abriter l'i-
vresse des amants heureux. Au besoin, je la dispu-
terais à son mari, je l'arracherais au joug odieux
qui pesait sur elle. Rien ne m'arrêtait, je ne recu-
lais devant rien : c'était l'âme de don Juan, égarée

sous l'enveloppe d'un substitut du procureur du roi. La haine même de M. de Champbaudier était pour moi un aiguillon de plus. Le coup de Jarnac qu'il m'avait porté m'affranchissait de tout scrupule : je n'y cherchais plus seulement une excuse, j'y voyais un encouragement, une excitation, un défi.

Insensé! je ne me trouvais encore ni assez coupable ni assez puni : je tentais la colère du ciel, j'appelais sur ma tête le plus effroyable, le plus inattendu de tous les châtiments.

IX

Un matin, j'étais seul dans ma chambre, alerte
et dispos, gai comme un pinson. Je devais partir
le soir pour retourner à Saint-Marcel. La pensée
que j'allais me rapprocher d'Henriette remplissait
mon cœur d'une folle joie. Il y avait bien longtemps
que je ne m'étais senti si léger. Tout m'était sujet
de fête. Je me représentais la grimace que ferait
M. de Champbaadier quand il saurait que, malgré
sa dénonciation, j'étais maintenu dans mon poste.
Je me gaudissais en songeant aux trois anges offerts
à mon choix. Je riais en voyant toute la maréchaus-
sée de l'Isère courant par monts et par vaux sur les
traces de mon bandit : tout cela me semblait plai-
sant. J'avais achevé mes préparatifs et je me disposais à passer chez mon père, quand Dominique,

6

notre vieux serviteur, entr'ouvrit discrètement la
porte et me remit une lettre que venait d'apporter
le facteur. Je jetai les yeux sur la suscription, et
reconnus aussitôt l'écriture de mon bon oncle. Je
brisai le cachet avec un sentiment de bonheur; ce
papier, sans doute, allait me parler d'Henriette.

Voici cette lettre : après tant d'années écoulées,
je puis encore vous la dire mot par mot, car l'impression qu'elle fit sur moi, malgré son tour frivole,
en a gravé, en a incrusté chaque phrase dans ma
mémoire.

« Victoire, mon cher Paul, victoire! Nous le
tenons! nous tenons ton homme! En ce moment il
réfléchit, abrité contre le vent de bise, sur les
inconvénients qu'il peut y avoir à s'introduire autre
part que chez soi nuitamment et par escalade;
quelques années de galères lui permettront de
compléter ses méditations sur ce grave sujet. Il est
dans la montagne, disais-tu, bien fin celui qui le
prendra. Et tu disais vrai, mon neveu! Le drôle
était dans la montagne, et ce n'est pas un âne qui
l'a pris. C'est Béju, l'illustre Béju, le brigadier de

Saint-Laurent-du-Pont, qui, après avoir trouvé sa piste avec le flair d'un chien de race, a eu l'honneur de lui appliquer sur l'épaule sa large main gantée de peau de daim. Si Béju n'est pas élevé d'emblée à la dignité de maréchal-des-logis, il faut désespérer de voir ici-bas le mérite récompensé.

» Attention, mon cher Paul ! C'est Béju lui-même qui vient de me conter la chose, avec un esprit, une grâce dont je vais essayer de reproduire ici quelques traits, sans me flatter d'y réussir.

» C'était à la dernière foire de Saint-Laurent-du-Pont. Deux femmes, descendues des plateaux pour vendre leurs œufs et leurs fromages, devisaient entre elles sous le bouchon d'un cabaret, pendant que Béju, suivi de son gendarme, se promenait majestueusement dans la foule, où il maintenait l'ordre par sa seule présence.

» — Jean ne va pas mieux, disait l'une en hochant la tête ; sa blessure ne se ferme pas.

» — Pauvre homme ! disait l'autre ; c'est tout de même un bien mauvais coup qu'il a attrapé là. Êtes-vous sûre, Marie-Jeanne, que la balle soit dans le trou ?

» — Je l'ai encore sentie ce matin avec mon aiguille à tricot.

» — Tant que la balle sera dans le trou, il n'y a pas chance que Jean guérisse.

» — Jean dit que si, pourtant.

» — Moi, je vous dis que non, Marie-Jeanne. Il faudrait voir le médecin.

» — Jean ne veut pas.

» — C'est vrai, bon Jésus ! que ça coûte gros.

» — Ça coûte gros, et puis ça parle.

» Elles se turent en apercevant le terrible Béju qui rôdait par là. Ce Béju est un des auxiliaires les plus précieux qu'ait la justice ; à l'œil du lynx, au nez du chien courant, il joint la finesse d'ouïe de la taupe, et une subtilité d'inductions que ne désavouerait pas un Peau-Rouge. Béju n'avait entendu que quelques mots de l'entretien des deux commères ; mais ces quelques mots avaient suffi pour lui faire dresser l'oreille. Au bout d'une heure, il s'était renseigné discrètement, et savait ce qu'il voulait savoir : bûcheron de son état, maraudeur, contrebandier ou braconnier selon l'occasion, l'homme à la Marie-Jeanne habitait dans la montagne, au-

dessus du plateau de la Grande-Chartreuse. Le
lendemain, avant le jour, Béju, suivi de son gendarme, gravissait les rampes du Guyer-Mort, et,
après quelques heures d'ascension, il s'arrêtait
devant une espèce de hutte, isolée au pied du grand
Sund, à la lisière des derniers sapins. Il laissa son
gendarme à la porte, et, sous l'insidieux prétexte
de se reposer un instant, il entra d'un air à la fois
auguste et paterne. Dans cette hutte, il y avait un
grabat, et sur ce grabat un homme enveloppé d'une
couverture; la femme et les enfants étaient déjà
partis pour aller au bois. Béju s'assied sur un esca-
beau, place son sabre entre ses jambes, ôte son
chapeau, s'essuie le front, et, par des paroles
pleines d'astuce et d'aménité, il cherche à rassurer
son hôte que la vue de l'uniforme avait visiblement
troublé.

» — Encore au lit, mon camarade, quand le
soleil est déjà haut! Nous sommes donc malade?
qu'est-ce donc que nous avons, mon ami?

» — J'ai les fièvres, répondit Jean.

» — Mauvaise affaire! dit Béju; il vaudrait mieux
avoir des rentes. Voilà longtemps que ça vous tient?

6.

» — Voilà bien douze jours, et ça ne fait pas mine de vouloir s'en aller.

» — Est-ce venu tout seul? En abattant, en ébranchant vos arbres, vous vous serez blessé peut-être? Un coup de cognée, dans votre état, c'est plus vite attrapé qu'un voleur dans le mien.

» — C'est venu tout seul, répliqua Jean.

» — Vous m'étonnez, car vous êtes en bon air, ici.

» — L'air que boivent les gueux est partout le même, brigadier; dans la plaine ou dans la montagne, c'est toujours l'air de la gueuserie.

» — Ce que vous dites là est profond, mon ami, repartit gravement Béju.

» Et, tout en causant, Béju couvait des yeux la tête dont il avait, depuis douze jours, le signalement dans sa poche. Parfaitement exact, mon neveu! Collier de barbe rouge, sourcils touffus, cheveux roux en broussailles... Si tu n'étais la fleur des substituts et l'espoir du parquet, tu mériterais d'être employé au bureau des passe-ports, à la préfecture de police.

» — Allons, mon brave, adieu et bon courage! dit

le brigadier se levant. Avalez de la tisane, faites-vous
suer. Je suis né natif d'un pays de Bretagne où les
pauvres gens se coupent la fièvre avec des pilules de
toiles d'araignée; essayez-en, c'est un remède que
vous ne serez pas forcé d'aller chercher bien loin.

» Il s'éloignait, quand tout à coup :

» — Vrai Dieu! c'est pitié de voir un chrétien
aussi mal couché que vous l'êtes! Souffrez que je
vous accommode.

» Et voilà mon Béju qui se jette sur Jean, qui le
palpe, le roule, le tourne et le retourne jusqu'à ce
qu'il ait mis à nu une épaule fort endommagée.

» — Oh! hé! qu'est-ce là? dit Béju.

» — Rien, répond Jean.

» — Vous me la donnez belle! Je m'y connais,
j'ai fait la guerre : c'est une blessure d'arme à feu.
A quelle bataille l'avez-vous reçue, camarade? Ce
n'était toujours pas en faisant face à l'ennemi.

» Pressé de questions, mis au pied du mur, Jean
finit par confesser qu'à son métier de bûcheron il
mêle un peu de braconnage; il raconte qu'un soir,
étant à l'affût, il a reçu dans l'épaule une balle qui
sans doute se trompait d'adresse.

» — Brigadier, ne me livrez pas, ajouta-t-il d'une voix suppliante : vous le voyez, je subis ma peine.

» — A l'affût, l'ami, à l'affût? C'est à l'affût, vous en êtes sûr?

» — Oui, brigadier, foi d'honnête homme!

» — Et vous ne savez point qui vous à fait ce petit présent?

» — Je n'en sais rien, non, brigadier.

» — Eh bien, moi, je le sais, s'écrie Béju se redressant de toute sa taille et pareil à un dieu vengeur; je le sais, je vais te l'apprendre! Ce n'est pas à l'affût, c'est à la Roseraie que tu as reçu cette prune, à la Roseraie où tu t'étais introduit de nuit, par escalade, pour faire un coup de ta façon! C'est le neveu du propriétaire qui à tiré sur toi au moment où tu prenais la poudre d'escampette! Je te reconnais, mon gaillard; j'ai ton portrait dans ma giberne. Debout, sur pied, et qu'on me suive! Comme disait l'Empereur à Wagram, épaule entamée n'empêche pas deux jambes de marcher.

» Jean se récrie et proteste de son innocence.

» — Tu t'expliqueras avec la justice. Mon affaire,

à moi, n'est pas de t'entendre, mais de t'arrêter.

» Jean résiste.

» — A moi, Monaco !

» A ce nom prononcé d'une voix tonnante, le gendarme qui était resté de planton à la porte se précipite dans la hutte : on tire Jean du lit, on l'aide à s'habiller, on lui met les menottes.

» — En route ! dit Béju.

» C'est ici, mon cher Paul, qu'est le côté piteux de l'aventure. A l'instant même où ce malheureux sortait de chez lui, les mains liées, la Marie-Jeanne rentrait, escortée de ses sept enfants. Je te laisse à penser quelle scène ! La femme comme une lionne, les petits pleurant et criant.

» — Madame, dit enfin Béju quand il put se faire écouter, rassurez-vous, ce ne sont pas des Turcs qui rendent la justice en France : si votre époux est innocent...

» — Il est innocent, monsieur le gendarme ! Au nom du bon Dieu, laissez-le-moi ! laissez-le-nous, ne l'emmenez pas ! Que voulez-vous que deviennent sans lui tous ces pauvres petits ?

» — Ne l'emmenez pas ! ne l'emmenez pas ! ré-

pètent les enfants en embrassant les jambes de
Béju et les jambes de Monaco.

» — Sacrebleu !... dit le brigadier se frottant un
œil du revers de sa manche, est-ce que tout cela ne
va pas finir? Rangez-vous, tas de drôles, ou je vous
coupe à tous une oreille... Prenez, ajouta-t-il à voix
basse en glissant dans la main de la mère deux
pièces de trente sols qu'il avait tirées de son gousset,
c'est pour acheter un polichinelle à votre dernier...
Et maintenant que les adieux sont faits, en marche,
et vivement! Il faut être ce soir à Grenoble.

» Tel est, mon cher Paul, le récit fidèle de l'arrestation du vaurien qui nous a fait passer une si
belle nuit. L'instruction est commencée et se pour-
suit. Nous ne pouvons pas nous écrier avec l'orateur
romain : *Habemus confitentem reum!* Le drôle per-
siste à nier avec effronterie; mais c'est en vain qu'il
se débat sous les charges qui s'accumulent, ta déposition seule suffit pour l'accabler. On a trouvé
dans sa paillasse et saisi, comme pièce de conviction, la blouse grise dont il était vêtu, et où se voit
le trou de ta balle. Bien ajusté! bien visé! bien
touché! Décidément, tu t'es couvert de gloire en

cette rencontre à jamais mémorable. Il est probable
que l'affaire viendra aux prochaines assises; la con-
damnation est certaine. Le bandit ne l'aura pas volé;
mais cette femme, mais ces pauvres enfants ! J'en
ai le cœur navré, mon ami. Je leur envoie quelques
secours en cachette.

» Ton départ a laissé, tu peux le croire, un grand
vide à la Roseraie. Nous voilà rentrés en ville. Notre
cher président, qui était resté sombre et taciturne,
a repris toute sa sérénité en apprenant qu'on avait
mis la main sur ton homme. Il était convaincu, lui
aussi, qu'on ne le retrouverait jamais, et il montrait
une humeur de sanglier; l'arrestation de M. Jean
l'a remis dans son assiette. Quel homme charmant,
que ce Champbaudier ! Quel zèle, quelle ardeur il
a déployés dans toute cette affaire ! Et comme
il parle bien de toi ! Tu as en lui un ami sincère,
un ami véritable. Quant à la jolie présidente, elle
est encore sous le coup de l'émotion qu'elle a res-
sentie : on la dit souffrante, elle ne sort pas, personne ne la voit.

» Nos vacances expirent, tu vas revenir en Dauphiné. J'espère que, cet hiver, nous te verrons fré-

quemment à Grenoble. Les bals de la préfecture
seront brillants, dit-on ; notre cher président compte
sur toi pour faire danser sa femme.

» *P. S.* Inutile de montrer ma lettre à ton père. »

Je lus tout, j'allai jus ʼau bout. Quand j'eus fini,
la lettre me tomba des mains, un flot de sang me
monta à la tête ; mes jambes fléchirent, et je
m'affaissai comme un corps inerte.

X

Une fièvre cérébrale mit, pendant trois semaines,
ma vie en danger. La science m'avait condamné;
mon père me disputa à la mort avec l'amour passionné d'une mère, et la jeunesse me sauva. Je sortis de là épuisé, aussi faible d'esprit que de corps,
incapable d'assembler deux idées, dans un état voisin de l'imbécillité. Je ne savais plus ce qui s'était
passé; des images incohérentes, insaisissables, à
peine ébauchées, flottaient, se mêlaient et s'entre-
détruisaient dans le vide de mon cerveau. C'est ainsi
que s'écoulèrent les premiers jours de ma convalescence : je ne pensais pas, je ne souffrais pas,
j'existais.

Un matin, je venais de me lever pour la première
fois depuis six semaines, et, du coin de ma cheminée, je regardais la neige qui tombait à flocons

7

lents et drus sur les lilas dépouillés du jardin;
Dominique rangeait la chambre.

J'en avais fini déjà avec cet état de bien-être qui
consiste à se sentir soulevé par la vie. Je rentrais à
peine en possession de l'existence, et jamais l'existence n'avait pesé sur moi d'un poids si orageux ni
si lourd. J'entendais s'élever du fond de ma conscience une sourde rumeur, pareille au bruit de la
marée montante, et qui allait toujours en grossissant :
les souvenirs se réveillaient, se ralliaient et se clas-
saient dans ma mémoire. Il y en avait un, bizarre,
inexplicable, que je repoussais comme le rêve d'une
imagination en délire, comme un spectre hideux
que la fièvre avait laissé à mon chevet; mais vainement je m'efforçais de le renvoyer dans le pays des
songes d'où je le croyais sorti, il revenait sans cesse,
il s'attachait à moi, il me remplissait d'une mystérieuse épouvante.

— Dominique! m'écriai-je tout à coup en passant
une main sur mon front, est-ce que tu ne m'avais
pas remis une lettre, le matin du jour où je suis
tombé malade?

— Oui, monsieur Paul, vous veniez de la lire, elle

était ouverte à côté de vous quand je vous trouvai étendu comme mort sur le carreau, à cette place.

— Qu'en as-tu fait? qu'est-elle devenue?

— Oh! soyez tranquille, ne vous tourmentez pas, monsieur Paul, je l'ai serrée, elle est là, dans le tiroir, avec les autres lettres qui sont arrivées pour vous.

— Bien, laisse-moi!

J'ouvris le tiroir de la table sur laquelle j'étais accoudé; une écriture fine et déliée attira mes yeux tout d'abord sur un pli fermé, au timbre de Grenoble. Ce ne pouvait être qu'une lettre d'Henriette, je déchirai l'enveloppe, je la jetai dans l'âtre, et d'un seul regard, je lus le billet que voici :

« Venez, Paul, accourez! On va juger ce malheureux. Tout l'accable, tout est contre lui; il n'y a que vous qui puissiez le sauver. Ne vous souciez pas de ma destinée. Que je retombe sous les soupçons de mon mari, que je sois perdue, s'il le faut, mais qu'un innocent ne porte point la peine de nos fautes! N'attachez pas à ma vie, à la vôtre, un remords éternel : venez, Paul, venez à tout prix!

» HENRIETTE. »

Non, malheureux, ce n'était pas un rêve! Je me
rappelais tout, je retrouvais dans ma mémoire la
lettre de mon oncle écrite en traits de feu. C'était
vrai! c'était vrai! Mes fables et mes mensonges
avaient enfanté une réalité terrible! un infortuné
s'était pris dans mes piéges! la justice, égarée par
mes manœuvres, allait frapper un innocent! Le
billet d'Henriette n'était pas daté; depuis combien
de temps était-il dans ce tiroir? Tout était déjà
consommé peut-être! Dominique pouvait me ren-
seigner, je me précipitai vers le cordon de la son-
nette : en ce moment, mon père entrait.

— Levé, mon cher Paul! s'écria-t-il avec un
mouvement de tendresse mêlée d'inquiétude et de
joie.

— Mon père, demandai-je aussitôt d'une voix
ardente, est-ce que vous n'avez rien reçu pour moi
pendant le cours de ma maladie?

— Rien, mon ami... mais qu'avez-vous? Vos mains
sont brûlantes, vous paraissez fort agité.

— Rien, mon père? rien? aucun papier?

— Aucun... Si, pourtant... une assignation : vous
êtes cité comme témoin dans une affaire de cour

d'assises qui doit se juger à Grenoble le dix-huit de
ce mois, dans trois jours.

— Dans trois jours !... et vous ne m'en parliez pas !

— Êtes-vous en état de faire le voyage et de comparaître en justice ?

— S'il le fallait, pourtant... si ma présence était
indispensable ?...

— Rassurez-vous, ce n'est point le cas. Votre
oncle m'a mis au courant de cette affaire que vous
m'aviez célée, je ne sais pas pourquoi : votre témoignage oral n'ajouterait ou n'enlèverait rien à la
déposition si nette, si précise que vous avez signée.

— Mais, mon père...

— Il faut bien que le ministère public en soit
convaincu, puisqu'il s'est décidé à passer outre,
malgré l'impossibilité où il sait que vous êtes d'assister aux débats.

— Ainsi, mon père, ainsi on va juger un homme,
le condamner peut-être sur une simple déposition ?

— Qu'entendez-vous par là ? répliqua-t-il d'un ton
déjà moins affectueux que sévère. Tout est grave,
mon fils, dans les actes de la justice. Je veux croire
qu'avant de dicter votre déposition, vous en aviez

mesuré la portée et pesé scrupuleusement les termes.

— Sans doute, mon père. Cependant...

— Est-ce que, par hasard, vous l'auriez faite à la légère? est-ce que vous, magistrat, vous auriez livré à l'instruction des faits, des documents dont vous n'étiez pas sûr?

—Non, mon père, non... Cependant ma conscience me dit, ma conscience me crie que l'homme qu'on se prépare à juger ne peut pas, ne doit pas être jugé en mon absence, sans m'avoir été confronté... Il n'est pas de signalement si exact, si fidèle, qui ne puisse s'appliquer à plus d'une personne. Prenons garde! ce ne serait pas la première erreur judiciaire qui aurait été commise.

— Calmez-vous, calmez-vous! Je suis aussi compétent que vous dans ces matières, et quand j'ose affirmer que vous vous alarmez à tort, votre conscience peut être en repos, ce me semble. Les erreurs judiciaires deviennent, Dieu merci! de plus en plus rares. J'ai étudié l'affaire dont il s'agit; elle est claire comme le jour, il ne s'y mêle aucune des passions qui ont pu quelquefois égarer la justice, et pensez-vous donc que le procureur général, s'il restait l'ombre d'un doute dans son esprit, ne l'eût pas tout simplement renvoyée à une autre session?

— Et s'il se trompait! m'écriai-je; si l'instruction avait fait fausse route! si l'homme qu'on va juger n'était pas coupable, s'il était innocent! Vous êtes bon, mon père; vous êtes bon, et vous m'aimez. Le ciel m'en est témoin, je n'ai jamais douté de votre bonté ni de votre tendresse; si j'avais eu le malheur d'en douter, la maladie que je viens de faire m'aurait appris à connaître tous les trésors dont votre cœur est plein. Vous êtes bon, mon père, et vous m'aimez! Eh! bien, au nom de ce qui vous a été le plus cher en ce monde, au nom de ma mère dont vous m'avez tant de fois parlé, ayez pitié de votre fils, mettez-moi à même de partir sur-le-champ, faites que je puisse arriver dans trois jours!

En parlant ainsi, je pressais ses mains, je les inondais de pleurs et de baisers.

— Vous êtes fou, mon cher Paul. Partir, entreprendre un si long trajet dans l'état de santé où vous êtes et par une saison si rigoureuse! Vous n'y songez pas, mon ami.

— Il y va de mon repos, du repos de ma vie tout entière.

— Vous êtes fou, vous dis-je !

— Dussé-je en mourir, mon père, il faut que je parte : il y va de mon honneur.

— De votre honneur !...

Mes genoux ployèrent, je tombai à ses pieds.

— Qu'as-tu donc fait, malheureux enfant? dit-il en abaissant sur moi un regard sans colère.

— Une grande faute, répondis-je en courbant la tête, j'emploierai ma vie à la racheter.

— Relevez-vous, nous allons partir, dit mon père.

— Non, m'écriai-je, non! mon père ne doit pas assister au dénoûment de cette affaire. Restez, ne m'accompagnez pas! Faites-moi cette dernière grâce, épargnez-moi un châtiment qui serait le plus terrible de tous.

— Vous avez raison, mon fils, il y a dans la vie des enfants certaines choses que les pères doivent ignorer, qu'ils ne doivent point chercher à savoir. Vous partirez seul; Dominique vous accompagnera.

Moins d'une heure après cette scène, le carrosse

était dans la cour, attelé de quatre chevaux de poste,
les postillons en selle. Mon père en avait disposé
l'intérieur comme une chambre de malade : il avait
pensé à tout. Nos adieux furent graves et silencieux.
Au moment de partir, il m'enveloppa lui-même de
mon manteau, en m'adressant quelques recomman-
dations sur les soins à prendre en vue de ma santé.
Pas un reproche, d'ailleurs, pas une plainte, pas
une remontrance ! Il me conduisit jusqu'à la voiture,
et là il me donna sa main que je portai respectueu-
sement à mes lèvres.

— Allez, faites votre devoir, et que Dieu veille
sur nous!

J'entendis qu'il disait à Dominique :

— C'est mon fils, c'est mon enfant, c'est ma vie
que je te confie!

Et je le vis, à travers mes larmes, qui s'éloignait
lentement sous la neige, la tête nue et inclinée.

Dominique avait pris place devant moi : les fouets
claquèrent, et le carrosse s'ébranla.

— Dominique, m'écriai-je en lui prenant les mains
pendant que les chevaux nous emportaient vers la
barrière d'Italie, tu m'as vu naître, tu m'as vu gran-

7.

dir; tu es de la maison, tu fais partie de la famille. Tu m'aimes et tu m'es dévoué, n'est-ce pas?

— Oui, monsieur Paul.

— Je peux compter sur toi, Dominique?

— Oui, monsieur Paul, oui, mon jeune maître.

— Eh bien, il est possible que pendant la route je m'évanouisse, je perde connaissance. Quoi qu'il advienne, tu ne t'effrayeras pas, tu n'arrêteras pas, et tu iras toujours... toujours, entends-tu bien? comme le vent, toujours, jusqu'à Grenoble, où il faut que je sois le dix-huit au matin; et si, en arrivant, je ne pouvais me soutenir, tu me prendrais entre tes bras et tu me porterais au palais de justice, dans la salle d'audience.

— Oui, monsieur Paul.

— Embrasse-moi!

XI

Quel voyage! qui m'eût dit que cette même route
qui m'avait vu passer si triste et si accablé, me re-
verrait plus malheureux encore et plus désespéré?
Oui, plus désespéré, plus malheureux encore! mais
du moins cette fois j'étais soutenu par la conscience
du devoir que j'accomplissais. Arriver, arriver à
temps, telle était mon unique pensée, et nous
allions comme la tempête. Je gourmandais les postillons, j'accusais les chevaux de lenteur, j'aurais
voulu leur donner des ailes; le plus léger obstacle,
le moindre empêchement me glaçait d'effroi. J'avais
sans cesse devant les yeux une femme et des enfants dans la détresse, un homme au bagne et traînant sa chaîne.

—Rends-moi mon mari! disait la femme.

— Rends-nous notre père! criaient les enfants.

L'homme se taisait et me regardait. Arriver, arriver! Je comptais les minutes, je pressais les relais, je semais l'or et les menaces, les supplications et les emportements. Nous dévorions les côtes, nous brûlions les descentes; les vallées, les bois et les villages fuyaient, disparaissaient, s'évanouissaient comme des visions. Malgré les chemins défoncés, malgré la tourmente de neige et de givre qui ne cessa pas un seul instant de nous envelopper, aucun accident sérieux n'entrava, ne retarda ma course. Le carrosse tint bon, pas un trait ne se rompit, pas un cheval ne s'abattit. Le ciel me protégeait : protection bien incomplète, hélas! et qui, elle-même, était un châtiment; car si je sauvais un homme que je ne connaissais pas et qui m'était indifférent, je perdais du même coup la femme que j'aimais, je la livrais aux éternels soupçons de son mari, je lui donnais un maître.

...J'entrai dans Grenoble le 18 au matin : onze heures sonnaient, quand les chevaux, tout fumants et souillés de boue jusqu'au poitrail, s'arrêtèrent devant le palais de justice. Les abords en étaient

assiégés par une foule d'hommes et de femmes
accourus des plateaux voisins. Je mis pied à terre,
et, m'adressant à un des groupes qui s'étaient déjà
formés autour de la voiture, je demandai quelle
était l'affaire qui, en ce moment, occupait la
cour.

On répondit de tous les côtés à la fois :

— L'affaire de Jean le bûcheron! l'affaire de la
Roseraie!

Il était temps! Je repoussai le bras de Dominique,
et, d'un pas rapide et sûr, je franchis les degrés du
palais. Jamais je n'ai mieux constaté qu'à cette
heure l'autorité de l'âme sur le corps : épuisé par
six semaines de maladie, brisé par trois jours et
trois nuits de route, je sentais en moi une force à
soulever le monde. En traversant la salle des pas-
perdus, je me croisai avec un vieux avocat qui sortait de l'audience.

— Pardon, monsieur, où en est l'affaire?

— La défense a été pitoyable! dit-il en agitant
ses longs bras dans ses larges manches.

— Est-ce que tout est fini? demandai-je d'une
voix étranglée.

— Pitoyable, monsieur, pitoyable! Me Loustaud
a été au-dessous de tout.

Je m'appuyai sur Dominique.

— Tout est donc fini! m'écriai-je.

— Au surplus, si vous êtes curieux d'entendre
ces jeunes avocats se disant l'espoir du barreau, si
vous tenez à savoir comment ils s'y prennent pour
envoyer leurs clients aux galères, entrez, monsieur,
entrez, donnez-vous ce plaisir, Me Loustaud achève
sa réplique... Moi, j'en ai assez, serviteur!

Il s'éloigna en grommelant, et je pénétrai dans la
salle. Pendant que Dominique m'ouvrait lentement
un passage à travers la foule, Me Loustaud lançait
les derniers feux de son éloquence. Il montrait aux
jurés, dans un langage pathétique, la femme et les
sept enfants de l'accusé; il rappelait les erreurs
trop nombreuses qui avaient entaché les annales de
la justice; il évoquait l'ombre de Calas, et, termi-
nant le tout par une philippique des plus virulentes,
il flétrissait l'abstention de l'unique témoin qui eût
été cité, et dont la présence seule aurait suffi pour
sauver un innocent.

J'arrivais au sein du prétoire juste au moment où

M⁰ Loustaud achevait de m'accommoder. Aussitôt
mon nom courut de bouche en bouche, et de toutes
parts on entendit ces mots :

— Le témoin! le témoin! le substitut de Saint-
Marcel !

Je profitai de cet instant d'émotion générale pour
examiner une partie de l'assemblée. Sur l'estrade,
derrière les fauteuils des magistrats, il y avait un
groupe de personnes du monde, au milieu desquelles je reconnus aussitôt Henriette et mon oncle :
tous les deux s'étaient levés en m'apercevant. Mon
oncle me salua d'un geste amical, et fit un mouvement d'épaule qui pouvait se traduire ainsi : Que
viens-tu faire ici? on se serait bien passé de toi.
Henriette, la brave créature, me jeta un coup d'œil
qui disait clairement : J'en étais sûre, je comptais
sur vous! M. de Champbaudier présidait la séance :
il m'adressa un sourire des plus gracieux, et, malgré
la gravité de la circonstance, je ne pus m'empêcher
de me représenter la figure qu'il allait prendre,
quand il m'entendrait déclarer formellement que
l'homme qu'il croyait tenir était encore dans la
montagne. Dès que l'ordre et le silence, troublés

par mon arrivée inattendue, furent rétablis, il me
félicita, dans une petite allocution, de mon zèle, de
mon courage, et poussa même la courtoisie jusqu'à
m'offrir un siége.

Le ministère public prit des conclusions tendant
à ce que ma déposition fût entendue et à ce que la
confrontation eût lieu. Me Loustaud, acquiesçant
aux réquisitions de M. le procureur général, trouva
le moyen de placer quelques phrases bien arrondies,
par lesquelles il remerciait la Providence de la protection évidente qu'elle accordait à son client; il
rétracta délicatement les paroles acerbes qu'il avait
prononcées à mon endroit, et daigna me féliciter,
lui aussi, de mon empressement à me rendre aux
injonctions de la justice.

Je prêtai serment et répondis aux questions d'u-
sage.

Cela fait, le président dit à l'accusé :

— Accusé, levez-vous.

Puis s'adressant à moi :

— Témoin, regardez cet homme, et dites à
MM. les jurés si vous le reconnaissez.

Un silence profond régnait dans l'auditoire : on

aurait entendu une araignée filer sa toile. J'étais
debout, je portai les yeux sur Henriette, et mon
regard désespéré lui demanda pardon de ce que
j'allais faire : intrépide et sereine, son attitude
m'absolvait et m'encourageait. Je me retournai résolûment, et me trouvai face à face avec l'accusé...
Dieu bon ! Dieu clément ! Dieu sauveur !... Immobiles et muets, l'homme et moi nous nous regar-
dions, et pendant qu'il me contemplait avec une
indicible expression de terreur, je me repaissais
avec avidité de sa physionomie.

— Répondez, témoin, le reconnaissez-vous?

— Oui, m'écriai-je enfin d'une voix éclatante et
qui dut retentir comme un clairon, oui, je le reconnais... et lui aussi me reconnaît!

— Est-ce bien l'homme sur qui vous avez tiré?

— Oui, monsieur le président, c'est bien lui!...
Qu'il ose le nier en ma présence!

Et, en prononçant ces mots, je le tenais palpitant
et effaré sous mon regard.

— Eh bien, accusé, la confrontation que vous
demandiez, vous l'avez obtenue : qu'avez-vous à répondre?

— J'avoue, mon président, j'avoue. Une femme, sept enfants, et pas de pain dans la maison!

Il s'affaissa sur son banc, et son œil hagard, toujours attaché sur moi, semblait encore implorer mon silence. Ma tâche était remplie, mon rôle terminé. Je fus emmené presque sans connaissance à l'hôtel de mon oncle, et j'appris, dans la soirée, que la cour, usant d'indulgence et tenant compte à l'accusé de ses aveux, l'avait condamné à deux années d'emprisonnement.

Vous avez tout deviné. J'avais reconnu dans le prétendu voleur de la Roseraie le bandit bien réel qui m'avait, un soir, attaqué au coin du bois; en tirant sur lui au hasard, je l'avais atteint sans m'en douter; en donnant, quelques heures après, le signalement d'un malfaiteur imaginaire, j'avais donné, à mon insu, le signalement de ce malheureux, et il se trouvait qu'en fin de compte, tous mes mensonges n'étaient qu'un déplacement de la vérité. L'homme avait compris, en me reconnaissant, que d'un mot je pouvais tout au moins l'envoyer finir ses jours aux galères, et il avait saisi avec empressement la planche de salut que je lui

offrais en ne le chargeant que d'une tentative de
vol. Ce qui venait de se passer n'était, au point de
vue de la justice, ni très-régulier ni très-orthodoxe;
mais tout est bien qui finit bien, et nous devions
nous féliciter, maître Jean et moi, d'en être quittes
à si bon marché. Comment s'expliquait-il le rôle
que j'avais joué dans le dénoûment de cette affaire?
Il y pensa plus d'une fois sans doute : il y avait
là matière à réflexions, et plus qu'il n'en fallait
pour mettre à la torture un esprit moins borné
que le sien.

Quelques jours plus tard, je quittais Grenoble
sans revoir madame de Champbaudier; nous nous
étions vus à l'audience pour la dernière fois. Mon
père me reçut avec sa gravité habituelle, et ne me
fit aucune question; seulement, au bout d'une semaine, il me dit :

— J'ai cru m'apercevoir, mon fils, que l'air du
Dauphiné ne convenait pas à votre santé. J'ai de-
mandé votre changement de résidence, et vous êtes
nommé substitut à Niort. Vous passez d'un tribunal
d'arrondissement à un chef-lieu de département, ce
n'est donc pas une disgrâce.

Deux ans après, je me mariais : je n'épousais pas un des anges dont les ailes m'avaient été offertes par mon excellent père, mais tout simplement une bonne et aimable fille qui devint la compagne dévouée de ma vie.

J'entendais parler quelquefois de madame de Champbaudier. Henriette était toujours la jolie présidente ; toutes ces émotions avaient glissé sur elle comme une pluie d'orage sur les plumes d'un cygne.

Soit qu'il gardât encore quelques doutes dans son esprit, soit qu'il ne m'eût point pardonné d'avoir troublé un instant son repos, M. le président, tant qu'il vécut, me poursuivit ténébreusement de sa haine ; il ne m'épargna ni la délation ni la calomnie, il chercha à me frapper jusque dans mes amis, et j'eus longtemps à me défendre contre les entreprises de cette âme basse.

Vous savez maintenant, mon jeune ami, où peut conduire une heure de passion et d'égarement. Les conséquences en sont graves pour tous ; pour un magistrat, elles peuvent être terribles. Au moment d'entrer dans la carrière, faites vos réflexions, et puisse mon récit vous être profitable !

Le confident de cette histoire demeurait silencieux et recueilli ; le vieillard l'observait avec complaisance, et jouissait secrètement de l'effet qu'il
avait produit, quand le jeune homme relevant la
tête :

— Monsieur le conseiller, dit-il, votre récit m'a
vivement intéressé et me profitera, j'espère... mais
comment vous y prîtes-vous pour arriver jusqu'au
balcon de la présidente ?

— Ouais !... fit le conseiller. Si vous m'en croyez,
ajouta-t-il en se levant, vous attendrez encore
quelques années avant d'entrer dans la magistrature.

LE CHATEAU

DE MONTSABREY

A

MADAME C. DE COURBONNE

LE CHATEAU

DE MONTSABREY

I

Vers 1845, vivait à Paris un jeune peintre nommé
Frédéric Lambert. Il vivait pauvre et content de peu,
dans un de ces quartiers silencieux où les artistes se
plaisent à faire leur nid. Il avait vingt-cinq ans, de
l'esprit, le cœur fier, et, chose rare, plus de talent
qu'il ne s'en croyait lui-même. Je ne dis rien de sa
figure : sans être beau il était charmant. On ne pouvait le voir sans l'aimer, sans se sentir doucement
attiré vers lui. Affectueux et bon, il prenait part aux
succès de ses amis et s'en réjouissait. Modeste et

8

confiant dans l'avenir, quoiqu'il n'eût pas encore de
chapelles à décorer ni de batailles à peindre pour
le musée de Versailles, il ne se plaignait pas de l'in-
justice de ses contemporains et ne se croyait pas
méconnu. Le travail remplissait sa vie. Quelques-
uns de ses portraits avaient été remarqués au Salon:
ce fut là son point de départ vers le bonheur qu'il
méritait et qu'il rencontra sur sa route.

Sa mère et sa sœur vivaient au fond de la province, d'un modeste patrimoine, auquel il ajoutait
la meilleure partie de ses épargnes. Il savait que sa
sœur devait, au prochain automne, épouser un jeune
homme laborieux et pauvre comme elle, qu'elle aimait depuis plusieurs années; il résolut d'amasser
pour elle une petit dot qui lui permît d'entrer en
ménage sans inquiétude du lendemain. Depuis
longtemps d'ailleurs il rêvait un tour de France, le
sac sur le dos, un voyage où il payerait avec sa pa-
lette son écot et son gîte, s'arrêtant devant les sites
qui lui plairaient, allant gaiement de ville en ville,
et mettant son pinceau au service de tous les bour-
geois possédés de la noble ambition de transmettre
leurs traits à la postérité la plus reculée. Il partit

par une belle matinée d'avril, le pied leste et le cœur joyeux.

Rien qu'à sa façon de porter la tête et d'aspirer le grand air en marchant, on le sentait en possession de toutes les faciles joies de son âge; on devinait que, pour être heureux, il lui suffisait d'exister. Au bout de quelques mois, il avait déjà fait une assez jolie pelote. La Providence semblait bénir la douce et pieuse tâche qu'il s'était imposée. Les modèles s'offraient en foule; sa bonne mine et son talent lui ouvraient toutes les portes. La Touraine, le Poitou, le Limousin, lui payaient tribut; hobereaux et vilains se disputaient l'honneur de poser devant lui. Les fi- gures les plus étranges ne l'effrayaient pas; il pensait à sa sœur qu'il allait enrichir, et, pendant qu'il re- produisait sur la toile quelque trogne enluminée, quelque face bêtement épanouie, quelque museau de fouine ou de belette, il voyait un jeune et frais visage qui le remerciait en souriant. Grâce à l'excel- lence de l'imitation, il réunissait tous les suffrages. Dès qu'il avait achevé un portrait dans un château, il le soumettait sans crainte au jugement de la famille et des serviteurs, et la ressemblance était si frap-

pante, que, depuis la gardeuse de dindons jusqu'au
valet de chambre de M. le baron, tout le monde tombait en extase. Ce n'est pas tout; il y avait dans sa
conversation tant de saillies, tant de verve et d'en-
train, que ses hôtes se résignaient difficilement à le
laisser partir. En l'écoutant, la châtelaine oubliait la
lecture du feuilleton de son journal, l'abbé avait des
distractions au whist, et M. le baron déclarait au pré-
cepteur de son fils qu'après les gentilhommes il n'y
avait en France que les artistes qui eussent de l'esprit. Lorsque enfin, sourd à toutes les sollicitations,
Frédéric se décidait à quitter la place, son feutre
gris à larges bords, sa veste et son pantalon de ve-
lours à côtes, sa cravate nouée négligemment autour
de son col rabattu, le sac militaire qu'il portait fière-
ment et auquel étaient attachés la boîte à couleurs,
la pique, le parasol, le pliant à trois branches, exci-
taient un sentiment voisin de l'admiration; maîtres
et serviteurs se mettaient aux fenêtres, et tous les
regards le suivaient jusqu'au détour du sentier.
Bref, il spécula si heureusement sur la vanité, que
vers la fin du mois d'août sa ceinture s'était arron-
die, et qu'il put croire sa tâche accomplie.

Dans les premiers jours de septembre il arrivait chez sa mère.

— Tends ton tablier, dit-il à sa sœur qui se jetait à son cou.

Et, prenant sa ceinture pleine d'or, il la vida dans le tablier de la belle enfant. Je laisse à penser quelle ivresse! Quelques milliers d'écus, qui, pour une jeune fille élevée dans l'opulence, ne suffisent pas à l'achat d'une corbeille de mariage, représentent, pour une pauvre fille de province, les plus saintes joies de la famille. Après avoir assisté au mariage de sa sœur, après avoir bien choyé sa vieille mère et gentiment installé le jeune ménage, Frédéric partit, comblé de bénédictions, emportant dans son cœur l'image attendrie du bonheur auquel il avait contribué. Sans parler de la mélancolie des adieux, cette heure ne fut pas exempte d'amertume. En comparant la joie qu'il avait eue sous les yeux avec la solitude qui l'attendait à Paris, il ne put se défendre d'un sentiment de tristesse. Le bonheur de sa sœur était sa plus douce récompense, et pourtant la conscience du devoir accompli ne l'empêchait pas de faire un retour sur lui-même; il

8.

laissait derrière lui une affection mutuelle, des espérances mises en commun, et allait reprendre dans l'isolement un travail que nul sourire ne viendrait égayer.

Cette émotion ne tint pas contre les enchantements de la route. La saison était belle encore; pour rentrer à Paris, Frédéric avait à traverser une des contrées les plus pittoresques de la France. A peine eut-il mis le pied dans l'ancienne province de la Marche, qu'il fut frappé du caractère silencieux et poétique des paysages qui se déroulaient devant lui. Il n'avait vu nulle part rivière si limpide, vallées si fraîches, horizons si variés. Les bois et les coteaux étaient parés de toutes les magnificences de l'automne; les oiseaux chantaient dans la lande; la bergeronnette se balançait sur le bord des petits lacs perdus au milieu des ajoncs. Frédéric ne voulut pas quitter ce coin de terre sans emporter dans ses cartons un souvenir vivant des beautés agrestes qui s'offraient à ses yeux. Marchant à l'aventure, après avoir dessiné pendant tout le jour, il s'arrêtait le soir, tantôt dans une ferme, tantôt dans une auberge de village; partout sa jeunesse et sa bonne grâce lui valaient l'accueil le plus bienveillant. Amoureux de l'art et de la nature, il trouvait à cette existence errante et solitaire un charme que tous les jeunes cœurs comprendront aisément, qu'ils envieront peut-être.

Un matin, séduit par la fraîcheur d'un sentier bordé de houx et de troënes, il avait quitté la grande route et s'était enfoncé bien avant dans les terres. Rien n'est doux, à vingt ans, comme d'aller ainsi, sans savoir où l'on va. Sur le coup de midi, il avait déjeuné, dans une métairie, d'une jatte de lait fumant; aux derniers rayons du soleil couchant, il entrait affamé dans le petit village de Saint-Maurice. Situé au fond d'une vallée étroite, entouré de bois et de montagnes, ce village est un des plus charmants qui se mirent dans l'eau de la Creuse; mais, à vrai dire, en ce moment Frédéric ne se souciait guère de la richesse du paysage. En débouchant sur la place de l'Église, il aperçut, doucement balancée au-dessus d'une porte par la brise du soir, une feuille de tôle, sur laquelle était peint en jaune un volatile, qui eût mis en défaut l'ornithologie tout entière, si l'auteur de ce joli morceau,

pour ne laisser aucun doute sur ses intentions, n'eût
pris soin d'écrire au-dessous de son œuvre ces
mots : A *l'Aigle d'or*.

La vue de cette enseigne plongea notre héros
dans le ravissement, mieux que ne l'eût fait en
cet instant un tableau de vous, mon cher Gleyre.
Il n'avait pas l'embarras du choix, l'*Aigle d'or*
était la seule auberge du hameau. Cette auberge,
ne pouvait point passer pour un palais; cependant
tout y était propre et avenant. Charme de la jeunesse
heureuse et souriante! elle paraît, tout s'empresse
autour d'elle. Frédéric était à peine entré, que
déjà l'hôtesse et ses deux filles lui faisaient fête.
Sans doute aussi, à l'élégance de sa taille, à la
finesse de ses mains, à la blancheur de son cou,
dont le grand air et le soleil n'avaient pu altérer
l'ivoire, elles avaient compris sur-le-champ que ce
n'était pas là un piéton ordinaire, un colporteur
d'images pieuses, de chapelets et de missels. Pendant que l'une des jeunes filles l'aidait à se débar-
rasser de son sac, et que l'autre mettait la nappe
et le couvert, la mère, l'œil à tout, partout en
même temps, cassait des œufs, allumait les four-

neaux et plumait un chapon. Frédéric s'attabla, fit honneur au festin, et trouva tous les mets exquis, à la grande satisfaction des trois femmes, qui ne se sentaient pas d'aise en voyant ce joli jeune homme manger d'un si vif appétit.

Le lendemain, il fut réveillé de bonne heure par le plus matinal et le plus gai des visiteurs : le soleil entrait à pleins rayons dans sa chambre. Frédéric sauta à bas de son lit et ouvrit sa fenêtre : la Creuse coulait à ses pieds sous un berceau d'aunes et de trembles, et se déroulait, comme un ruban d'argent, à travers la vallée; au delà de la rivière, les toits de chaume, épars çà et là, fumaient dans la verdure; à l'horizon, sur le plateau d'une colline, un gothique manoir perçait de ses tourelles le feuillage rouillé des chênes. La vie ne manquait pas à ce tableau rustique : l'*Angelus* tintait dans l'air frais du matin; les merles saluaient le jour; le moulin babillait sous les saules. C'était plus qu'il n'en fallait pour retenir notre jeune peintre. Au bout de quelques jours, il était l'ami de la maison. Il avait fait le portrait des deux filles de son hôtesse, et déjà son nom était populaire à Saint-Maurice. On

accourait de plusieurs lieues à la ronde pour voir
ces deux portraits ; les fermières des environs eussent mis volontiers leur croix en gage pour obtenir
un pareil honneur. Prodigue de son talent, Frédéric
fit quelques heureuses, et dès lors sa renommée
n'eut plus de bornes. On ne parlait que de lui, on
ne jurait que par lui ; il était le coq du village.
La bonté de son cœur n'excitait pas moins d'en-
thousiasme que l'adresse de son crayon. Thomas
l'Enrhumé était tombé à la conscription ; à la veille
de partir, il avait offert à Frédéric trois bons écus
sonnants pour pouvoir emporter avec sa feuille de
route le portrait de sa bien-aimée. Frédéric avait
fait le portrait et glissé le prix de son travail dans
le sac du conscrit, en ajoutant une petite somme
pour l'aider à noyer son chagrin. L'admiration était
montée à un tel degré, que, s'il eût voulu se marier
dans le pays, bien des larmes auraient été répan-
dues. Pour mettre le comble à sa popularité, il dis-
tribuait de temps en temps quelques gros sous aux
jeunes drôles qui jouaient sur la place de l'Église.
Aussi, le matin, dès qu'il sortait, il voyait, rangée
devant la porte de l'*Aigle d'or*, une double haie de

clients, comme les patriciens de l'ancienne Rome. C'était à qui porterait son bagage. L'un s'emparait de la boîte à couleurs, l'autre de la pique, celui-ci du parasol, celui-là du pliant, connu chez les artistes sous le nom de *painchard;* Frédéric donnait le signal du départ, et, suivi de ses pages, s'enfonçait dans la montagne. Un incident imprévu vint couronner sa gloire.

On touchait au 22 septembre, fête patronale du village. Le sonneur et le bedeau, qui cultivaient la bouteille plus que de raison, avaient négligé le soin de la bannière où le saint était représenté. Les rats, profitant de cette négligence, s'étaient régalés de la soie et de la laine qui exprimaient les traits du chef de la légion thébaine, si bien que saint Maurice tout entier y avait passé. Qu'on juge de la stupeur du bon curé en voyant la bannière dévastée, déchiquetée, tombant en loques ! qu'on tâche de se représenter la consternation du village ! Plus de procession, plus de fête ! Que deviendrait la moisson de l'année prochaine ? La bannière de saint Maurice mûrissait le blé noir, le seigle et le colza. La désolation était générale. Les gros bonnets du pays s'arrêtaient dans la rue pour s'entretenir de cette épouvantable catastrophe. Le sonneur et le bedeau n'osaient plus se montrer; le curé et le maire traversaient la place d'un air effaré, et se concertaient sur les moyens d'aviser au dommage. A l'*Aigle d'or*, l'inquiétude était vive. L'hôtesse et ses deux filles se demandaient avec effroi ce qu'allait devenir le hameau, privé de son patron. Frédéric seul gardait un calme olympien. Le 22 septembre, au soleil levant, il frappait à la porte du presbytère, et présentait au curé un saint Maurice plein de grâce et de jeunesse, dans une attitude guerrière et victorieuse. Par une inspiration qui tenait vraiment du miracle, quoiqu'il n'eût jamais vu le modèle rongé par les rats, il avait deviné la pose, le costume et la ressemblance. Le bon curé, émerveillé, le pressa dans ses bras, comme un ange descendu du ciel. Je renonce à peindre l'émotion des fidèles, quand ils virent suspendue à la hampe, veuve depuis plusieurs semaines, l'image triomphante du glorieux martyr. La bannière parcourut les rues du village au milieu des acclamations de la foule ébahie. En retrouvant les traits du saint qu'ils croyaient perdu, les paysans

poussaient des cris d'allégresse, et les femmes s'ap-
prochaient de Frédéric pour lui baiser les mains.
Entre nous, le triomphe n'était pas pour saint Maurice, mais pour le peintre qui l'avait ressuscité.

Les jours heureux nous sont comptés d'une main
avare. Si charmante qu'elle fût, cette existence ne
pouvait se prolonger longtemps; si riantes que
soient les étapes de la Bohême, un artiste qui a
la conscience de sa propre valeur s'y repose un
instant, il n'y séjourne pas. L'hiver, toujours précoce dans les montagnes de la Creuse, commençait
à se faire sentir. Les matinées étaient froides, et
longues les soirées. La nature, quoique belle encore,
frissonnait déjà sous les premières piqûres de la bise
d'octobre. Malgré l'ovation qui l'avait élevé au rang
de demi-dieu, malgré les soins assidus dont il était
l'objet à l'auberge de l'*Aigle d'or*, Frédéric pensait
à partir : une rencontre inattendue ajourna son
départ.

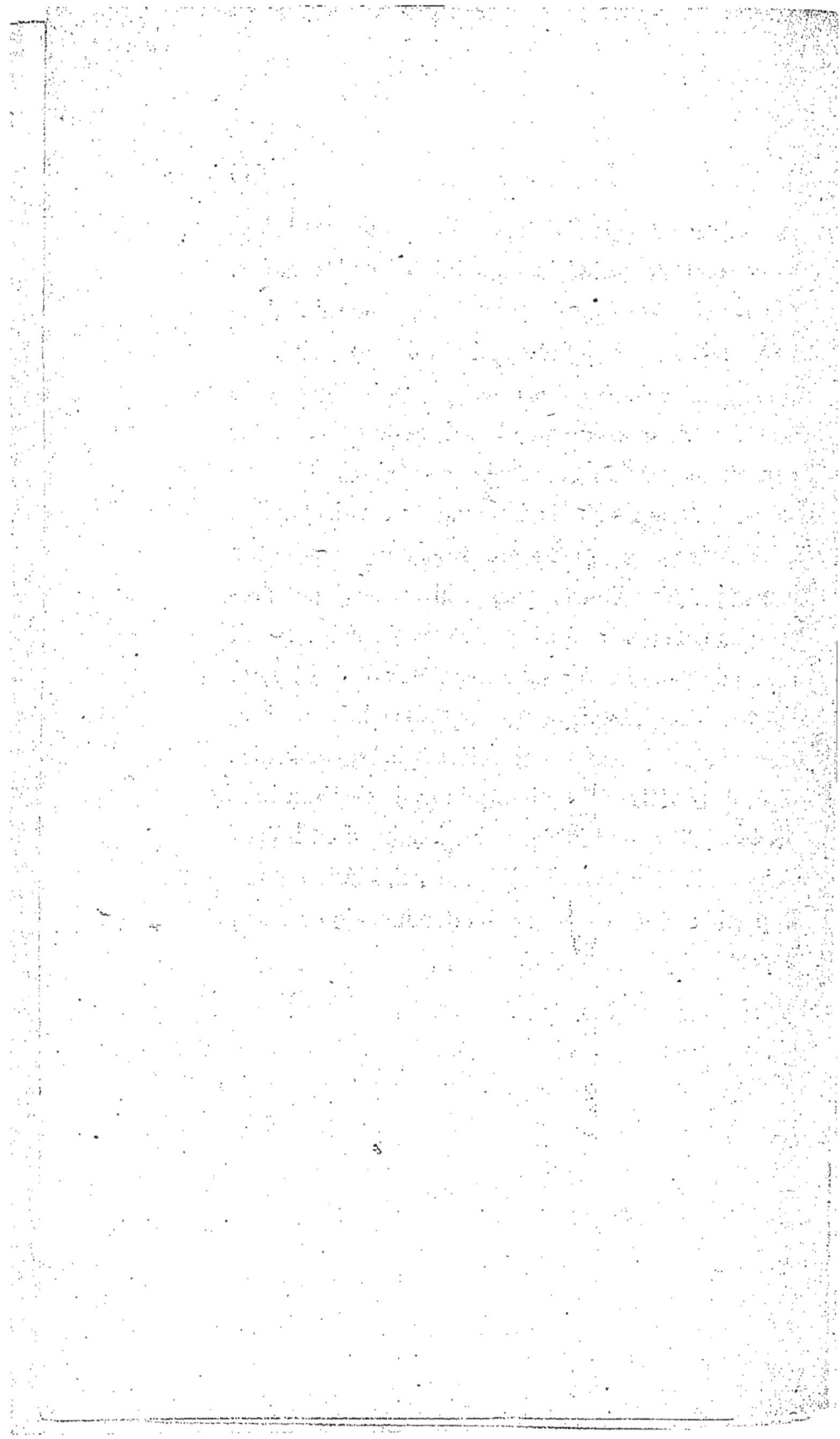

Avant de quitter Saint-Maurice, il voulait visiter
une fois encore les sites qu'il aimait; il voulait
revoir surtout le château dont les tours crénelées
dominaient le vallon, et qu'il découvrait de là fenêtre
de sa chambre, à travers le feuillage éclairci. C'était,
je l'ai déjà dit, un gothique manoir, perché sur le
plateau d'une colline, dans la partie la plus pittoresque et la plus sauvage du pays. On y arrivait par
des sentiers étroits, bordés de genévriers, creusés
par la ravine, et que les chèvres seules gravissaient
d'un pied sûr. Le jeune peintre en avait fait le but
accoutumé de ses promenades et de ses rêveries.
A la solitude qui régnait autour de cette demeure
féodale, il avait pu d'abord la croire inhabitée. Un
soir, pourtant, il avait vu les croisées éclairées, et

deux ombres sveltes se dessiner sur la mousseline
des rideaux; il avait entendu un chant de femme
qui s'accompagnait au piano, et dont la voix grave
s'élevait tristement dans le silence de la nuit. Quels
hôtes vivaient entre ces murs? Frédéric, en garçon
d'esprit, s'était bien gardé de s'en informer; il eût
craint de voir s'envoler, au souffle de la réalité, les
poétiques images dont il se plaisait à peupler cet
asile.

La veille du jour fixé pour son départ, il avait
profité d'une de ces tièdes après-midi qui sont les
adieux du soleil, pour faire un dernier pèlerinage
au vieux manoir. Comme il arrivait au pied du plateau, il aperçut un groupe qui attira vivement son
attention.

Sur la mousse d'un tertre incliné, une jeune fille
était assise entre un vieillard à cheveux blancs et
une femme encore jeune et belle, qui la surveillaient
d'un regard inquiet. En s'approchant, Frédéric fut
moins frappé de sa rare beauté que de son air étrange.
Affaissée sur elle-même, elle paraissait vivre dans
un monde qui n'était pas le monde des vivants. Son
œil ouvert, immobile, ne se portait pas sur les ob-

jets placés devant elle ; toute sa physionomie indiquait que sa pensée voyageait ailleurs. Le visage de
la jeune femme qui la couvait des yeux respirait une
anxiété profonde, une tendresse passionnée. Les
traits du vieillard exprimaient une affection plus
calme et mêlée de curiosité. Il semblait épier le
réveil de l'intelligence dans cette âme attirée par un
monde supérieur. Frédéric passa devant elle en se
découvrant et n'osa pas s'arrêter. Il y avait, en effet,
dans cette muette extase, quelque chose de mystérieux qui commandait la discrétion. Eclairé par un
secret sentiment de pudeur, il sentait qu'il ne pouvait contempler cette douleur inconnue sans la pro-
faner. Il s'éloigna d'un pas rapide.

Le soir venu, assis sous le manteau de la cheminée
de l'*Aigle d'or*, devant une flambée de fagots, il ne
put s'empêcher de questionner l'hôtesse qui filait sa
quenouille, tandis que Toinette et Fanchon, ses deux
filles, tricotaient des bas pour le dernier marmot.
La bonne femme n'avait pas, comme on dit, la
langue dans sa poche ; elle s'empressa de répondre
aux questions du jeune étranger. Le château situé
sur la colline appartenait à la famille de Montsabrey.

M. de Montsabrey était mort depuis plusieurs années. Les trois personnes que Frédéric avait aperçues assises sur un tertre, à une portée de fusil du
manoir, ne pouvaient être que madame de Montsabrey, sa fille, et le médecin de la famille, le docteur
Vincent, frère du curé de Saint-Maurice.

— Ainsi, demanda Frédéric, dont la curiosité
était loin d'être satisfaite, la jeune fille que j'ai vue
tantôt est mademoiselle de Montsabrey?

— Oui, monsieur, c'est la pauvre innocente.

A ces mots, les trois femmes firent le signe de la
croix; Frédéric les regardait d'un air étonné.

— C'est sous ce nom, ajouta l'hôtesse, que mademoiselle de Montsabrey est connue dans le pays.

— Pourquoi?

— Pourquoi, mon bon monsieur? On raconte, à
ce propos, bien des histoires; mais qui sait le fin fond
des choses? Hormis le docteur et le curé de notre
village, personne ici ne peut se vanter de connaître
le secret du château. Quand on en parle au docteur,
il s'en va en branlant la tête, et quand on s'adresse
au curé, il répond :

— Priez pour l'enfant.

— Et que dit-on dans le pays?

— On dit, mon bon monsieur, que la pauvre
Lucile est charmée; qu'une fée, le jour de sa naissance, lui a jeté un sort. On a dit, dans le temps,
que madame de Montsabrey n'était venue s'établir
au château, abandonné depuis plus de vingt ans, que
pour y cacher sa fille et ne la laisser voir à personne.
Lucile n'était alors qu'un enfant, mais un enfant qui
ne faisait rien comme les enfants de son âge. On
avait beau la surveiller; il ne se passait guère de
semaine sans qu'elle s'échappât du logis. Plus d'une
fois, Toinette et Fanchon l'ont trouvée assise dans la
lande ou au fond des bois, accompagnée seulement
d'un gros chien que vous avez dû voir aujourd'hui
couché à ses pieds.

— Oui, dit Frédéric, un chien des Pyrénées.

— Une bien bonne bête, et point sotte, allez, dit
Fanchon. Il ne la quittait pas; il veillait sur elle, et
quand c'était l'heure de rentrer, il la tirait par sa
robe pour la décider à se lever, courait devant elle
pour lui montrer le chemin, et revenait près d'elle
pour s'assurer qu'elle le suivait.

— Et que faisait Lucile, à quoi s'occupait-elle,

quand vous la trouviez assise au fond des bois?

— Dame! monsieur, je ne sais trop; elle caressait son chien, mêlait à ses cheveux des brins de bruyère en fleurs, ou regardait dans le ciel, comme pour y chercher quelque chose.

— Vous et votre sœur, vous étiez alors deux enfants comme elle : n'avez-vous jamais tenté de lui parler?

— Une seule fois, répondit Toinette. J'étais allé m'asseoir auprès d'elle; je voulais lui offrir un bouquet de bluets que j'avais cueillis dans les seigles; mais ses deux grands yeux se tournèrent vers moi d'une si drôle de façon, que je pris mes jambes à mon cou, et me sauvai en emmenant ma sœur par la main.

— Pauvre chère âme! reprit l'hôtesse, elle n'a jamais fait de mal à personne... Belle comme un ange, douce comme un agneau! Maintenant c'est une grande demoiselle; mais on assure que le sort jeté sur elle dure encore, et que, depuis qu'elle est au monde, elle n'a jamais parlé comme une chrétienne. Notre curé a commandé pour elle bien des neuvaines, fait brûler bien des cierges devant la

châsse de saint Maurice; le docteur Vincent la soigne
comme si elle était sa fille; la science et la prière,
rien n'y peut. Croiriez-vous, monsieur, que depuis
dix ans qu'elle vit retirée dans nos montagnes, madame de Montsabrey ne s'est pas montrée une seule
fois au village, pas même à l'église? Et pourtant elle
est pieuse; notre curé va, une fois la semaine, dire
la messe à la chapelle du château. Quand on parle
de Lucile aux serviteurs venus pour la provision, ils
ne répondent pas, ou vous prient poliment de vous
mêler de vos affaires. Je vous le demande, mon bon
monsieur, tout cela est-il naturel?

— Sans compter, monsieur, qu'on entend la nuit
d'étranges bruits là-haut, dit Toinette à voix basse et
d'un air mystérieux; de la musique, des chants, des
soupirs, des sanglots, puis un grand cri, et tout se tait.

Ici, les trois femmes se regardèrent avec stupeur,
et firent de nouveau le signe de la croix.

— Depuis quelques jours, reprit l'hôtesse, on dit
que la pauvre innocente dépérit, qu'elle pâlit et
maigrit à vue d'œil, et tout le monde s'en chagrine.

— Sa mère est si bonne! ajouta Fanchon; elle fait
tant de bien dans le pays!

                                    9.

—Les pauvres ne la voient pas, mais la bénissent, dit Toinette.

—Depuis qu'elle est ici, dit l'hôtesse, il n'y a plus de malheureux. Elle est comme le bon Dieu, qu'on n'aperçoit jamais, et qui, chaque année, fait mûrir nos moissons.

Le reste de la soirée, il ne fut question, à l'*Aigle d'or*, que du château de Montsabrey. L'hôtesse, qui ne demandait qu'à parler, débita sur Lucile tous les contes qui couraient la contrée; elle y mit tant de clarté, de netteté et de précision, que Frédéric, à la fin de la veillée, n'en savait pas plus qu'au début. Toutefois ces révélations confuses avaient réussi à surexciter l'imagination du jeune artiste. Le lendemain, au lieu de partir comme il en avait l'intention la veille, Frédéric déclara qu'il passerait à Saint-Maurice les derniers beaux jours de la saison. Il n'obéissait pas seulement à l'instinct de la curiosité; la pâle figure de Lucile, sa taille frêle à demi brisée, l'air de souffrance répandu sur ses traits, sans doute aussi sa beauté, sa jeunesse, avaient éveillé en lui un mystérieux intérêt qu'il ne s'expliquait pas et qui eût suffi pour le retenir quelque temps encore.

III

Dès lors il dirigea toutes ses excursions vers le plateau de la colline. Il entrevit quelquefois Lucile ; chaque fois qu'il la rencontra, il trouva plus de pâleur sur ses joues, dans son regard quelque chose de plus égaré. Un jour il l'aperçut se promenant à pas lents sur la terrasse du château. Appuyée sur le bras de sa mère, tête nue, les cheveux au vent, elle suivait des yeux un bataillon d'oiseaux émigrants qui filaient sous un ciel gris d'automne, et un vague sourire errait sur ses lèvres décolorées, comme si elle se fût sentie prête, elle aussi, à s'envoler vers une autre patrie. Frédéric rentra au village, l'esprit frappé de pénibles pressentiments. A partir de ce jour, il rôda vainement autour du manoir silencieux, il ne rencontra plus Lucile. Le dimanche suivant, au prône, le curé, d'une voix émue, recommandait aux prières des fidèles mademoiselle de Montsabrey.

Avant de venir à Saint-Maurice, où l'avait conduit le hasard, Frédéric ne soupçonnait pas même l'existence de la famille de Montsabrey; il n'avait fait qu'entrevoir Lucile et sa mère; jamais il n'avait entendu le son de leur voix. Entre elles et lui, artiste de passage, aucune intimité ne pouvait s'établir; les portes du château ne s'ouvriraient jamais pour le laisser passer. En admettant que Lucile vécût, il ne serait jamais qu'un étranger pour elle. D'où vient donc qu'à la nouvelle d'un danger sérieux qui la menaçait, il pâlit et son cœur se serra comme s'il se fût agi de sa sœur? Il avait fait de cette étrange créature la préoccupation de toutes ses heures; il l'avait mêlée, par la pensée, à sa vie toute entière, et il lui semblait qu'en mourant elle en emporterait quelque chose.

Après la sortie de la messe, Frédéric alla droit à la cure, où, depuis la fête de saint Maurice, il avait, comme on peut le croire, ses grandes et petites entrées. Il voulait interroger discrètement le curé sur la nature du mal qui consumait la jeune châtelaine;

mais, dès les premiers mots, le pasteur lui ferma la bouche en disant :

— Mon cher enfant, c'est le secret de Dieu.

Frédéric n'insista pas. Comme il se préparait à prendre congé, le docteur Vincent entrait au presbytère. C'était un doux vieillard, au regard triste et pénétrant, à l'air intelligent et bon. Il habitait près de Saint-Maurice où, depuis vingt-cinq ans, il soignait les corps comme son frère soignait les âmes. Il suffisait de le voir pour comprendre aussitôt qu'il n'était pas à sa place dans ce pauvre hameau.

— Mon frère, dit le pasteur en lui présentant Frédéric, voici le brave jeune homme qui nous a rendu l'image de notre saint patron.

Le docteur Vincent avait déjà entendu parler de notre héros, de son talent, de son excellent cœur, et du service signalé qu'il avait rendu à l'église. Il lui prit les mains avec effusion, et, malgré la différence de leurs âges, Frédéric se sentit tout d'abord attiré par la douceur de sa voix et la simplicité de ses manières. En moins d'une heure ils s'étaient pris d'affection l'un pour l'autre. Si l'un réunissait en lui toutes les grâces de la jeunesse, l'autre possédait l'indulgence et la bonté qui sont les grâces du vieillard. Près de se retirer, le docteur, avec une familiarité pleine de bonhomie, s'empara du bras de Frédéric, et tous deux sortirent en causant comme deux amis.

La journée était belle. Ils cheminaient de compagnie le long du sentier creux, bordé de genévriers. Le docteur s'informait de Paris qu'il avait longtemps habité, de la littérature et des arts qu'il n'avait pas cessé d'aimer, et dont il parlait avec une sûreté de goût, avec une élévation de pensée, qui se rencontrent rarement chez un médecin de village. Il paraissait heureux d'oublier un instant, auprès du jeune artiste, les soucis de son ministère; depuis vingt-cinq ans qu'il vivait dans ces campagnes, c'était sans doute la première fois qu'il jouissait d'une pareille aubaine. De son côté, Frédéric, dont la curiosité n'était pas endormie, se réjouissait en songeant qu'il était enfin à la source de la vérité, et qu'il allait peut-être éclaircir le mystère qui l'obsédait.

A quelque distance du château, sur le penchant de la colline, le docteur s'arrêta devant la grille

d'un jardin au fond duquel était enfouie une maison
de modeste apparence; il invita Frédéric à venir se
reposer dans son petit logis. C'était le nid d'un
philosophe ou d'un poëte. Tout y respirait le silence
et la paix. Tapissée de rosiers, de clématite et de
chèvrefeuille, la maison ne manquait pas, à l'intérieur, de cette élégance qui vient du cœur et dont
les objets les plus simples s'imprègnent comme
d'un doux parfum, s'éclairent comme d'un doux
reflet. Certains détails de l'ameublement révélaient
des goûts et des habitudes qu'on pouvait être surpris de trouver à cent lieues de Paris, dans les
montagnes de la Creuse. Les murs du salon, qui
servait à la fois de cabinet de travail et de bibliothèque, étaient tendus d'étoffe de Perse, qui égayait
ce réduit un peu sombre. Çà et là, le long de la
tenture, des rayons mobiles étaient chargés de cris-
taux, de minéraux, de plantes desséchées, de livres
parmi lesquels Frédéric devait reconnaître tous les
amis de sa jeunesse. Les fenêtres s'ouvraient sur des
massifs de dahlias, sur des touffes d'asters et de
chrysanthèmes. Ce fut dans cette pièce que le docteur introduisit d'abord le jeune homme étonné.

Au bout de quelques instants, une bonne femme,
qui cumulait chez son maître les fonctions d'intendant, de cordon-bleu et de majordome, apporta sur
un plateau des fruits cueillis dans le verger, des
galettes de blé noir qu'elle avait pétries elle-même,
un flacon de vieux vin qu'elle était allée chercher
dans le meilleur coin du cellier.

— Mon jeune ami, dit le docteur Vincent, c'est
une pauvre hospitalité; croyez pourtant que votre
présence ici est une bonne fortune dont je sens tout
le prix. Jeune, j'aimais les arts; ils ont été longtemps le charme de ma vie. Depuis que je vous sais
à Saint-Maurice, j'ai été tenté plus d'une fois d'aller
au-devant de vous, de vous attirer dans mon ermitage. Je l'ai voulu, je ne l'ai pas pu. Tant de douleurs m'appellent, tant de soins me réclament!
ajouta-t-il avec mélancolie.

Ces derniers mots entr'ouvraient la porte par où
la curiosité de Frédéric allait enfin pouvoir se glisser. On lui faisait la partie trop belle pour qu'il
n'en profitât pas sur-le-champ. Après avoir remer-
cié son hôte, après avoir exprimé un regret sincère
de ne l'avoir pas rencontré plus tôt, il en vint natu-

rellement, sans détour, à parler de madame de
Montsabrey et de sa fille, qu'il avait aperçues,
quelques jours auparavant, assises sur la mousse
d'un tertre, en compagnie du bon docteur.

— Je vous ai bien vu, répondit le vieillard. Quand
vous êtes passé près de nous, j'ai deviné le sentiment de discrétion auquel vous obéissiez en vous
éloignant, et, quoique je vous visse pour la première fois, dès cet instant, mon jeune ami, vous
avez gagné mon cœur.

La conversation ainsi engagée, Frédéric, pour
arriver à son but, n'avait plus qu'à suivre le courant. Il rendit avec des couleurs si vives et si poétiques l'effet qu'avait produit sur lui la figure de
Lucile, il exprima si naïvement la sympathie que
lui inspiraient cette jeune fille et sa mère, il y eut
dans toutes ses questions tant de réserve, d'intérêt
affectueux et d'exquise délicatesse, que le docteur
Vincent ne put faire autrement que d'en être touché. Le jour tombait, déjà le soleil avait disparu
derrière les tours du vieux château. Le docteur
retint le jeune peintre, et le soir, après le dîner,
disposé aux épanchements, heureux d'avoir près

de lui un auditeur capable de le comprendre, il se
décida à raconter ce qu'il savait. La lune montrait
sa face ronde à travers les arbres à demi dépouillés
du jardin; une bise aigre sifflait autour de la maison; l'ormeau flambait au fond de l'âtre, et Frédéric, accoudé sur le bras du fauteuil dans lequel il
était assis, prêtait une oreille attentive.

IV

— Vous avez vu madame de Montsabrey assise
auprès de sa fille ; vous l'avez vue belle encore,
malgré la douleur qui l'accable et les rides précoces
imprimées sur son front ; mais vous ne pouvez pas
vous figurer l'éclat de sa jeunesse, quelques mois
après son mariage. Unique héritière d'une des
grandes familles de la Marche, elle justifiait par les
plus aimables qualités de l'âme les faveurs que le
Ciel s'était plu à répandre sur son berceau. Elle
était si bonne que les femmes lui pardonnaient sa
beauté ; si bienfaisante, que l'envie elle-même n'osait
s'attaquer à son opulence. A dix-huit ans, elle avait
épousé un gentilhomme jeune et beau comme elle,
et s'il est vrai de dire que jamais destinée ne fut, à
son début, plus heureuse ici-bas, il est juste d'a-

jouter que jamais bonheur ne fut plus mérité. Elle
menait à Paris une existence pleine d'enchantements.
Tout lui souriait; elle n'était pas encore mère, mais
elle allait le devenir, et déjà, devant cette joie suprême, toutes les autres joies s'effaçaient.

» Un matin, on rapporta chez elle son mari sanglant, blessé mortellement en duel. Au bout de trois
jours, il expirait dans ses bras. La blessure était si
grave qu'il n'avait pu reprendre ses sens; on ignore
encore aujourd'hui la cause et les détails de cette
querelle fatale. Six semaines après, madame de
Montsabrey donnait le jour à une fille qui promettait d'être belle comme elle. A mesure qu'elle grandissait, elle enchantait tous les regards; chacun de
ses mouvements était empreint d'une grâce adorable. Penchée avec amour sur cette fleur vivante,
éclose sur un tombeau, madame de Montsabrey remerciait Dieu dans son désespoir, et l'orgueil ma-
ternel essuyait les larmes de la veuve éplorée.

» Cependant on commençait à remarquer dans
les yeux de Lucile quelque chose de singulier.
Quand vint l'âge où l'intelligence s'éveille, où s'é-
chappent des lèvres les premiers bégayements qui

étonnent la mère enivrée, l'intelligence de l'enfant
parut frappée d'un sommeil obstiné; ses lèvres
demeuraient muettes et ne répondaient aux baisers
que par un sourire immobile. Plus tard, lorsqu'on
eut réussi à lui faire balbutier quelques paroles, son
langage enfantin ne paraissait pas appartenir au
monde où nous vivons. Il y avait dans ses exclama-
tions soudaines, entrecoupées, je ne sais quoi de
surnaturel et d'extatique, un effroi que n'apaisaient
pas les plus vives tendresses. Il n'était plus permis
d'en douter, le fruit des entrailles maternelles avait
reçu le contre-coup de cette existence dénouée si
tragiquement; l'intelligence, prête à s'éveiller, avait
été frappée de stupeur et de léthargie. Les médecins avaient refusé de se prononcer avant que Lucile
eût atteint sa sixième année; Lucile avait six ans,
et son esprit ne prenait aucune part à la vie commune. Quand sa mère la serrait sur son sein, en la
couvrant de pleurs et de caresses, l'enfant la regardait d'un œil distrait, comme si son cœur eût été
occupé ailleurs. Elle ne recherchait aucun des plai-
sirs de son âge, n'avait goût qu'à la solitude, et
passait des journées entières plongée dans une rê-

verie silencieuse, qu'on essayait vainement de troubler. Les médecins, consultés de nouveau, décla-
rèrent sans hésiter que Lucile était idiote. Foudroyée
par cet arrêt terrible, madame de Montsabrey s'était
prise pour sa fille de cette passion ardente et sauvage que ressentent les mères pour leurs enfants
infirmes. Résolue à lui tenir lieu du monde entier,
elle quitta Paris brusquement, pour venir cacher sa
honte et son malheur dans le château de Montsabrey.

» Il y avait quinze ans que j'habitais ce pays,
lorsqu'elle vint s'y ensevelir. J'avais connu son mari;
M. de Montsabrey venait tous les ans, avec son frère
et quelques amis, passer un mois d'automne dans
ce château abandonné, qui n'était plus qu'un rendez-vous de chasse. Je connaissais aussi madame de
Montsabrey ; je l'avais vue dans tout l'éclat de son
bonheur, peu de jours après son mariage ; avant de
se rendre à Paris, le mari, enivré, avait voulu montrer sa jeune épouse à l'antique demeure des aïeux.
Je devais la revoir, quelques années plus tard, pâle,
amaigrie, ployée par la douleur, belle encore dans
son deuil austère.

» J'avais été averti de son arrivée ; tout était
prêt pour la recevoir. Les moindres détails de cette
scène navrante sont encore présents à ma mémoire.
Je la vois descendre de la chaise de poste, prendre
sa fille dans ses bras, franchir d'un pas rapide les
marches du perron, et s'enfuir avec son douloureux
trésor, comme pour le cacher à tous les yeux. Mon
frère était près de moi. Le soir même, nous com-
mencions la tâche commune que nous avons pour-
suivie sans relâche : mon frère consolait la douleur
de la mère, et moi j'étudiais le mal de l'enfant. Je
m'étais senti saisi d'un respect religieux pour l'in-
fortune de madame de Montsabrey, d'une affection
toute paternelle pour sa fille ; je devins leur hôte
assidu. Durant les premières années de leur séjour
au château, aucun signe ne permettait d'espérer,
même dans un avenir lointain, la guérison de Lucile.
Chaque matin, je retrouvais la mère dans son afflic-
tion, l'enfant dans son immobilité. Je commençais
à croire que la science avait dit vrai ; je n'espérais
plus voir la Providence lui donner un démenti.
Lucile grandissait, et, chose étrange, tandis que son
esprit restait plongé dans une nuit profonde, sa

beauté brillait chaque jour d'un plus vif éclat. Il y avait, dans ce contraste, comme une raillerie amère, comme une sanglante ironie du sort. Lorsqu'elle atteignit sa douzième année, je repris confiance et courage. A mesure que sa jeunesse s'épanouissait, son âme semblait en proie à une sourde agitation. Il était facile de pressentir une crise qui devait tôt ou tard décider de sa destinée. Evidemment la science avait prononcé un arrêt trop sévère : son intelligence n'était pas avortée, mais garrottée ; la pensée vivait en elle, mais ne trouvait pas d'issue. Le murmure du vent, les harmonies du soir, le fracas de la Creuse se révoltant contre ses barrages, exerçaient de mystérieuses influences sur cette organisation délicate. Quand madame de Montsabrey se mettait au piano et chantait, Lucile paraissait s'enfoncer plus avant dans sa rêverie ; puis, au bout de quelques instants, des larmes abondantes s'échappaient de ses yeux et coulaient sans bruit le long de ses joues. Un trouble profond se peignait sur son visage ; à chaque minute, je m'attendais à voir la vie faire enfin explosion. Tout en chantant, madame de Montsabrey regardait dans la glace l'image de sa fille en pleurs ; moi, je l'épiais d'un œil inquiet. Son sein se soulevait, son cœur bondissait dans sa poitrine, comme s'il voulait briser sa prison ; sa bouche frémissait comme prête à parler ; mais au moment où tout présageait un dénoûment miraculeux, elle poussait un cri déchirant et tombait dans mes bras comme un oiseau blessé. Je n'essayerai pas, mon jeune ami, de vous raconter les scènes cruelles auxquelles j'ai assisté. La tendresse de la mère s'était exaltée jusqu'à la rage ; ses caresses impuissantes avaient pris un caractère farouche. J'ai vu madame de Montsabrey, à genoux devant sa fille, couvrant ses mains de baisers convulsifs, lui disant d'une voix éperdue :

» — Entends-moi ! parle-moi ! réponds-moi !

» Lucile passait ses doigts dans les cheveux de sa mère, et ne répondait que par un sourire étonné, ou par des larmes silencieuses.

» Depuis quatre ans, ces épreuves terribles se renouvellent presque chaque jour. Et pourtant on ne vit jamais folie plus douce, plus tranquille. Lucile aime et comprend la nature. Elle a l'instinct et le goût de la parure. Son occupation favorite est de

10

jouer avec les fleurs dont elle est toujours entourée.
Elle les regarde parfois avec une ineffable expression de tristesse, et semble leur dire :

» — Je suis belle et inanimée comme vous.

» Elle se plaît surtout dans la contemplation des
nuits étoilées : c'est une âme qui aspire à remonter
vers le ciel. Dans ses entrevues avec elle, mon frère
a recueilli des paroles inattendues, qui ont ranimé
mes espérances. A douze ans, elle comprenait déjà
les promesses de la religion avec une vivacité qui
n'est pas commune à cet âge. Elle a, sur le monde
supérieur que nous ne voyons pas, des idées que
les livres n'ont jamais enseignées, et qui ne peuvent
s'expliquer que par des inspirations surnaturelles.
Malheureusement ces lueurs pâlissent et s'éva-
nouissent bientôt. Que vous dirai-je ? Douce et
bonne, reconnaissante et attendrie, ses pleurs fré-
quents ne nous permettent pas d'en douter, la
pauvre chère créature ne sait rien exprimer de ce
qu'elle sent ; elle est, entre nos mains, comme un
instrument mélodieux dont l'orage aurait brisé les
cordes, et dont nous avons jusqu'ici cherché vainement à ressusciter la voix. Cependant la crise que

j'ai prévue se prépare. Lucile a seize ans ; les symp-
tômes s'accumulent, son dépérissement même est
un présage qui ne saurait tromper : son âme s'agite
et se débat pour rompre ses liens... La lutte est
engagée : comment se terminera-t-elle? Mon jeune
ami, c'est là que nous en sommes. J'ai écrit ce
matin au beau-frère de madame de Montsabrey.
Grave, affectueux, dévoué, plein de respect pour
sa sœur, il vient, tous les hivers, passer un mois ou
deux auprès d'elle. J'ai hâte qu'il soit ici, car la
crise est prochaine, elle est inévitable ; elle peut
sauver Lucile, mais elle peut la tuer ; et, si Lucile
meurt, que deviendra sa mère?

V.

Vivement ému par les paroles qu'il venait d'entendre, Frédéric s'abstint de toute réflexion et resta plongé dans une méditation muette.

— Mon ami, dit-il enfin (permettez-moi de vous nommer ainsi, bien que je vous parle aujourd'hui pour la première fois), espérons que le Ciel bénira votre tâche et celle de votre frère; espérons en Dieu, qui donne la rosée aux plantes, le parfum aux fleurs, la séve aux rameaux.

— Oui, mon enfant, répondit le vieillard, espérons en Dieu, en Dieu seul; car, quoi qu'en disent les savants, la science ne fait pas de miracles.

Ils restèrent longtemps au coin du feu, causant et devisant; Frédéric en vint à demander au docteur comment il avait été amené à Saint-Maurice.

10.

— Mon Dieu, dit le docteur, la chose est toute simple et peut se raconter en deux mots. Ma jeunesse s'est écoulée tout entière à Paris. A force de travail et de persévérance, j'avais conquis ma place au soleil. Mon nom n'était plus inconnu; déjà mes flatteurs, qui n'en a pas au moins deux ou trois? me promettaient la renommée et la richesse, quand, tout à coup, ma vie fut brisée par un de ces orages qui frappent et consument comme le feu du ciel. J'avais besoin de quelques jours de silence et de solitude : je partis, j'allai me réfugier près de mon rère, qui, entraîné par une vocation fervente, était entré de bonne heure dans les ordres, et occupait, depuis dix-huit mois, la cure de Saint-Maurice. Vous connaissez mon frère, mais vous ne pouvez pas savoir ce qu'il cache de pieux trésors sous la modestie de son enveloppe; c'est la candeur d'un enfant unie au dévouement d'un apôtre. La sérénité de cette âme évangélique devait passer insensiblement dans mon cœur. En l'écoutant, je sentis se réveiller en moi les croyances et la foi de mes jeunes années; en le voyant agir, je compris qu'il y a place pour les vertus les plus élevées dans les plus humbles conditions. Je ne saurais dire comment cela se fit, j'en arrivai à prendre en pitié le monde, ses combats, ses joies et ses douleurs. Mon frère s'était voué tout entier au soin du troupeau confié à sa garde; son unique ambition était qu'on l'oubliât dans cette pauvre cure, la plus pauvre de tout le diocèse; je résolus de compléter son œuvre en m'y associant. Il n'y avait pas de médecin dans la commune. De Saint-Maurice à la ville la plus prochaine, on compte six grandes lieues. Pendant l'hiver les sentiers sont impraticables. Ajoutez que, dans nos campagnes, l'usage est de n'envoyer quérir le médecin qu'à la dernière extrémité, si bien que, lorsqu'il se présente, la mort, qui a pris les devants, est déjà assise au chevet. Mon patrimoine, joint à la petite fortune que j'avais amassée, me permettait de vivre ici tranquille. J'achetai cette maison, où j'ai vieilli doucement, loin du monde, qui ne mérite pas un regret. J'aide mon frère, je fais un peu de bien; j'ai l'espoir que ma vie n'aura pas été tout à fait inutile.

Par un mouvement de vive sympathie, Frédéric saisit la main du docteur Vincent et la pressa avec respect.

La soirée était avancée. Le docteur tira sa montre et se leva brusquement pour se rendre au château. Frédéric l'accompagna jusqu'à la porte, et revint lentement à Saint-Maurice, en rêvant au sort de Lucile.

VI

Les jours suivaient les jours : Frédéric ne partait
pas. Que pouvait-il pour mademoiselle de Montsabrey? Toute sa volonté devait échouer contre une
puissance inconnue; et pourtant il demeurait. Sans
avoir aucun rôle à jouer dans le dénoûment de cette
destinée, il ne voulait pas quitter le pays, il voulait
assister à la solution de cette énigme. Le docteur
Vincent et son frère ne quittaient plus le château.
Des bruits sinistres circulaient dans le pays. A
l'*Aigle d'or*, il n'était question que de Lucile. Les
paysans avaient pour elle une sorte de vénération
superstitieuse. Ce qui les préoccupait, ce n'était pas
seulement sa jeunesse, sa beauté, sa souffrance;
c'était encore et surtout la nature mystérieuse de
sa douleur. Ils la regardaient comme un être pré-

destiné, en communication directe avec Dieu; sa
mort leur eût semblé une calamité pour le hameau,
sa guérison un bonheur public. Ils voyaient, dans ce
que la science appelait la léthargie de sa raison,
une raison supérieure et plus vive, une intelligence
plus clairvoyante, quoique muette; ils sentaient
que Lucile n'était pas de ce monde, et que le jour
où sa langue se délierait, elle serait, non pas la
sœur, mais la reine de tous ceux dont la langue
était depuis longtemps déliée. Ainsi, tout s'assom-
brissait autour de notre héros. Ce village, où il était
entré si dispos, où il avait vécu si joyeux, où tout
avait semblé lui sourire, se couvrait de voiles fu-
nèbres. La pluie attristait le paysage; les corbeaux
s'abattaient dans la plaine; la bise emportait les
dernières feuilles des arbres; enfin la mort planait
sur la colline, et l'ombre de ses ailes s'étendait
jusque sur le vallon. Et pourtant Frédéric ne partait
pas. Plus de soleil, plus de joies, plus de fêtes; et
pourtant il s'obstinait à ne pas quitter Saint-
Maurice.

Un soir, il était assis sous le manteau de la cheminée, en compagnie de l'hôtesse, de ses deux

filles et de quelques notables de l'endroit. L'attitude
et la physionomie de ces braves gens témoignaient
qu'ils n'étaient pas là pour fêter la dive bouteille.
Tous les visages étaient empreints d'une morne
tristesse. La cloche de l'église avait sonné pendant
tout le jour le glas de l'agonie; dans l'après-midi,
on avait vu passer le curé portant le saint viatique
et se dirigeant vers le château de Montsabrey. Abîmé
dans sa rêverie, Frédéric remuait machinalement la
braise du foyer avec un de ces longs tubes de fer
qui, dans les campagnes de la Marche, servent à la
fois de pincettes et de soufflet. Il ne prêtait qu'une
attention distraite aux propos qui se tenaient autour
de lui, et méditait silencieusement sur l'étrange
destinée qu'en cet instant la mort dénouait peut-
être. Tout à coup, on entendit le galop de deux
chevaux, qui s'arrêtèrent devant l'*Aigle d'or*, et
presque en même temps on vit entrer un serviteur
qui portait la livrée du château. Fidèle aux habitudes de réserve et de discrétion qu'avait contrac-
tées, depuis dix ans, tous les domestiques de madame
de Montsabrey, celui-ci ne répondit pas aux questions qui l'assaillirent.

— Monsieur Frédéric Lambert? demanda-t-il
d'une voix brève.

— C'est moi, dit le jeune peintre en se levant.

Le messager tira de sa poche un papier sans enveloppe, et le remit à Frédéric, qui lut ces mots
tracés à la hâte, d'une main tremblante :

« Lucile n'est plus. Venez dessiner son portrait;
c'est sa mère qui vous en prie.

» VINCENT. »

Frédéric monta dans sa chambre, prit son carton
et descendit précipitamment. Les deux chevaux
attendaient à la porte : il sauta en selle et partit.

La nuit était sombre, sans lune et sans étoiles.
Après une heure de course rapide, les chevaux s'arrêtèrent au pied du château. Quand Frédéric fran-
chit le seuil, la cour était remplie de confusion.
Les serviteurs, comme des ombres effarées, allaient,
venaient, se croisaient en tous sens. Une chaise de
poste, attelée de quatre chevaux, les postillons en
selle, se tenait prête à partir. Un étranger, à la
physionomie grave et triste, s'entretenait avec le

docteur : c'était le beau-frère de madame de Montsabrey, arrivé depuis quelques heures seulement.

— Profitez de son évanouissement, disait le docteur, emmenez-la sans tarder, avant qu'elle reprenne connaissance. Si elle revoit sa fille morte, je ne réponds pas de sa vie.

Quelques minutes après, M. de Montsabrey déposait sur les coussins de la chaise de poste sa belle-sœur évanouie. Il prit place auprès d'elle, et la voiture partit au galop.

Epuisé par tant d'émotions, le docteur s'appuya sur le bras de Frédéric, gravit avec lui les degrés du perron et l'introduisit dans la chambre où Lucile venait de s'endormir de son dernier sommeil.

— Ma tâche est finie, la vôtre commence, dit-il.

Et, après avoir jeté un regard désolé sur l'enfant qu'il n'avait pu sauver, il se retira à pas lents.

La chambre n'était éclairée que par deux cierges qui brûlaient au chevet, près d'un crucifix et d'une coupe d'eau bénite où trempait un rameau de buis. Le curé, agenouillé dans l'embrasure d'une fenêtre, récitait à voix basse la prière des morts. La jeune fille, vêtue de blanc, couronnée de roses blanches,

11

était étendue sur son lit, plus belle encore qu'elle
ne l'avait été dans la vie, belle d'une beauté divine.
La mort avait amené sur ces lèvres immobiles un
sourire angélique; on eût dit que l'âme, en s'envo-
lant, avait laissé sur ce pâle visage un céleste reflet.

Frédéric sentit son cœur saisi d'une angoisse
inexprimable. Il s'agenouilla et pria. Puis il prit son
carton, et se mit en devoir de satisfaire au dernier
vœu de madame de Montsabrey; mais, à peine
arrivé à la moitié de sa tâche, il fut forcé de s'arrêter : le crayon tremblait dans ses doigts, une
sueur glacée inondait ses tempes. Comme tous ceux
qui veillent auprès des morts, il était en proie à des
hallucinations étranges. Il croyait voir Lucile soulever ses paupières, entr'ouvrir ses lèvres, étendre la
main; il épiait avec inquiétude ce qu'il prenait pour
ses mouvements, et prêtait une oreille avide comme
si elle allait parler. Le vent qui s'engouffrait dans
les corridors, le cri des orfraies, le chien qui hur-
lait et grattait à la porte de sa maîtresse, ajoutaient
encore à l'effet de cette scène lugubre. Pour se rassurer, pour reprendre courage, Frédéric se retour-
nait de temps en temps vers le curé toujours age-

nouillé, toujours priant : l'aspect du pieux vieillard renouvelait ses forces. Cependant il vint un instant où, n'en pouvant plus, Frédéric se leva, comme pour échapper au vertige de ses pensées. Il ouvrit une fenêtre, fit quelques pas sur le balcon; l'air froid de la nuit le calma. Avant de se remettre à l'œuvre, il demeura absorbé dans une contemplation douloureuse.

— Pauvre enfant ! se disait-il en suivant le cours de sa rêverie, qu'es-tu venue faire ici-bas? Faut-il te plaindre? faut-il t'envier? Tu as traversé la vie sans t'y mêler, sans être atteinte par nos douleurs, sans connaître nos joies imparfaites; tu viens de rendre à Dieu qui nous juge ton âme aussi blanche, aussi pure que tu l'avais reçue de ses mains. Je t'ai rencontrée sur ma route; je t'ai à peine entrevue, jamais ton regard ne s'est arrêté sur moi, mais je garderai de toi un souvenir éternellement cher. Tu resteras dans ma pensée comme une de ces mélodies qu'on n'a entendues qu'une fois et qu'on se rappelle toujours; tu auras passé dans mon existence comme un de ces fantômes qui nous sourient, qui nous appellent et que nous ne pouvons saisir. La beauté rayonnait sur ton visage; ta bouche respirait la bonté; ton intelligence, qu'on disait éteinte, se nourrissait peut-être de célestes visions. Si tu avais pu descendre jusqu'à nous, heureux celui que tu aurais aimé!

Il avait repris son crayon, et, penché sur son œuvre, effaçait pour la dixième fois le contour des lèvres, qu'il ne pouvait réussir à modeler fidèlement. Depuis près d'une heure il s'acharnait à cette tâche. Il crut enfin avoir réussi, et, pour s'en assurer, leva les yeux sur le modèle : accoudée sur son lit, calme et sereine comme une jeune fille qui se réveille au matin, après une nuit visitée par les plus doux songes, Lucile le contemplait d'un air curieux.

— Ma mère? où est ma mère? dit-elle d'une voix douce comme la voix d'un enfant.

Et, pareille à une fleur qui ploie sous l'eau du ciel dont son calice était altéré, elle s'affaissa sur sa couche.

VII

Absorbé par la prière, le curé n'avait pas entendu la voix de Lucile ; un cri de Frédéric le tira du pieux recueillement où il était plongé. Il se leva et courut vers le lit de la jeune fille.

— Elle vit, s'écria Frédéric le pressant entre ses bras, elle vit, elle m'a parlé !

Et il sortit en toute hâte pour aller chercher le docteur Vincent.

Il ne marchait pas, il avait des ailes. Arrivé au terme de sa course, il ouvrit la grille, traversa le jardin, gravit l'escalier sans reprendre haleine, et se précipitant dans la chambre où le docteur, sous le coup des émotions violentes qu'il avait ressenties, veillait encore malgré l'heure avancée :

— Venez, s'écria-t-il ; elle vit, elle respire ! Ne perdez pas un instant, venez à son chevet.

Et il cherchait à l'entraîner.

Le docteur le regardait avec un étonnement mêlé d'inquiétude, et se demandait si Frédéric n'avait pas perdu la raison.

— Mais, reprit Frédéric d'une voix ardente, vous ne comprenez donc pas? Elle respire, elle m'a parlé! Elle m'a parlé, vous dis-je! Venez, au nom du ciel, venez; qu'attendez-vous?

Et cette fois, il l'entraîna.

Le docteur le suivait à grand'peine et doutait encore. En entrant dans le château, il vit bien que Frédéric avait dit vrai. On n'entendait dans les corridors, à tous les étages, qu'un seul cri : Mademoiselle n'est pas morte! Il pénétra en tremblant dans la chambre de mademoiselle de Montsabrey. Lucile était toujours étendue sur son lit, mais déjà ses joues avaient repris les couleurs de la vie. Sa nourrice, assise près d'elle, écoutait et recueillait le souffle qui s'échappait de ses lèvres. Le curé, agenouillé, avait interrompu la prière des morts, pour réciter une hymne de reconnaissance. Le docteur prit la main de l'enfant, et des larmes de joie inondèrent son visage.

— Oui, mon Dieu! s'écria-t-il, elle vit!

Mademoiselle de Montsabrey tourna la tête, ouvrit de grands yeux, et, regardant tour à tour le docteur et le curé :

— Est-ce vous, mes amis? leur dit-elle d'une voix affectueuse.

La crise qui pouvait être mortelle l'avait sauvée : le voile qui séparait sa raison du monde des vivants venait de se déchirer.

Epuisée par cet effort de quelques instants, Lucile s'affaissa de nouveau.

— Où est madame de Montsabrey? demanda Frédéric; où son beau-frère la conduisait-il? Il faut lui dépêcher un exprès.

Le docteur le prit par le bras et le mena dans l'embrasure d'une fenêtre; le curé les suivit.

— Elle est sauvée, dit le docteur à voix basse; elle est sauvée, je le crois, je l'espère, et pourtant je n'en répondrais pas. Envoyer un exprès! y pensez-vous? Si le ciel nous reprenait Lucile, madame de Montsabrey aurait perdu sa fille deux fois. Pour la rappeler, attendons que la résurrection soit pleinement accomplie. Ménageons le cœur de la mère, ne

lui donnons pas trop tôt une joie qui pourrait finir
par le désespoir.

Frédéric et le curé se rangèrent à cet avis. Au
bout de huit jours, la guérison de Lucile était certaine. La raison lui était venue avec la santé; l'intelligence avait brisé ses liens, la pensée avait trouvé
une issue. Il n'y avait plus à hésiter; comme l'exprès
allait partir, on reçut au château une lettre du
vicomte de Montsabrey annonçant qu'il emmenait
sa belle-sœur en Italie. Le docteur, sans tarder,
écrivit à Rome, à Naples, à Florence; il ne doutait
pas que madame de Montsabrey ne revînt avant la
fin du mois.

VIII

La convalescence de Lucile marchait rapidement.
A mesure que ses forces renaissaient, son intelligence s'épanouissait. Comme un terrain vierge qui
n'a jamais été fatigué par aucune culture, elle produisait sans efforts et en abondance des fruits dont
la splendeur étonnait le regard. Le curé, le docteur
et Frédéric ne la quittaient pas; ils rivalisaient d'ardeur, de vigilance, et c'était un spectacle touchant
que celui de ces trois hommes veillant sur cette
jeune fille avec la sollicitude et la tendresse d'une
mère. Chacun des trois gardiens fidèles tirait parti,
selon ses facultés, de cette résurrection merveilleuse. Bien qu'on touchât à l'hiver, quelques rayons
doraient encore la plaine et les collines. Le docteur
expliquait à mademoiselle de Montsabrey la nature

11.

qu'elle n'avait entrevue jusque-là qu'à travers un
nuage. Chaque promenade était pour lui le sujet
d'un enseignement et d'une révélation. Une roche,
une plante, une source jaillissante, lui fournissaient
l'occasion d'éveiller et d'agrandir l'esprit de sa jeune
compagne. Le curé, témoin du miraculeux épa-
nouissement de cette âme enfantine, lui montrait le
doigt de Dieu dans la création entière. Quant à Frédéric, sa part d'action, quoique plus modeste en
apparence, n'était cependant pas moins grande;
par sa grâce, par sa jeunesse, par son empressement affectueux, par la sympathie toute fraternelle
qu'il témoignait à la belle enfant, il s'associait puis-
samment à l'œuvre des deux frères, et je crois bien
que sa présence seule était plus éloquente que tous
leurs discours. S'il tardait à venir, une inquiétude
fébrile se lisait dans les yeux de Lucile : dès qu'elle
le voyait, dès qu'elle entendait le son de sa voix, son
cœur, en s'échauffant, doublait la curiosité de son
intelligence. Près de Frédéric, elle voulait tout savoir,
tout apprendre; loin de lui, elle ne trouvait plus
dans la nature qu'un spectacle indifférent. Elle ne
cherchait pas à s'expliquer la présence de ce jeune

homme au château ; elle ignorait ce qu'il était, d'où il venait, et ne songeait pas à le demander. Son âme, en s'éveillant, s'était posée sur lui sans défiance, comme une colombe qui vient de s'échapper pour la première fois de son nid, s'abat sur le rameau voisin.

L'hiver venu, il fallut dire adieu aux promenades et se réunir autour du foyer. Des entretiens variés, des lectures habilement choisies, des leçons données tour à tour par Frédéric et par les deux frères, continuaient l'œuvre commencée. Frédéric ne ressemblait pas à la plupart des peintres de notre époque ; il n'avait pas borné ses études aux secrets de son art ; il estimait qu'en dehors de la peinture on peut, en cherchant bien, trouver par ci par là quelques petites choses qui ne sont pas tout à fait indignes d'exercer la pensée humaine. Aussi apportait-il un riche contingent aux travaux du jour, aux causeries du soir. Lucile l'écoutait, suspendue à ses lèvres ; Lucile aimait tout ce qu'il disait.

C'était là sans doute une vie bien douce pour notre jeune ami. Il partait le matin de Saint-Maurice, s'arrêtait à la maison du docteur, et tous deux,

devisant, se rendaient au château. L'hiver a des
beautés que les citadins ne soupçonnent pas. La
campagne était charmante encore sous son manteau
d'hermine; les bois, chargés de givre, avaient dans
le brouillard un aspect magique. Du plus loin
qu'elle apercevait les deux amis, Lucile, enveloppée
de fourrures, courait à leur rencontre; la neige
durcie criait à peine sous ses pieds délicats. La
journée s'écoulait en heures enchantées, et Frédéric
rentrait le soir au village, en compagnie du bon
curé, dont les rigueurs de la saison n'avaient pu
ralentir le zèle. Je le demande, quelle imagination
un peu poétique n'eût envié le sort de ce jeune
homme? Mêler ses jours à ceux d'une adorable
créature qui, par un rare privilége, joignait la naï-
veté de l'enfance aux grâces de la jeunesse; assister
au réveil de cette âme angélique; surveiller, diriger
l'essor de son intelligence; épier, surprendre les
premiers battements de son cœur, c'était une bien
douce tâche, et, je le répète, une bien douce vie...
Cependant Frédéric résolut de s'arracher au charme
qui l'envahissait. Il avait fini par comprendre le
danger de cette intimité... Il était trop pauvre,

Lucile était d'une trop grande famille pour qu'il pût jamais songer à lui offrir sa main. Où le mènerait cette affection toujours croissante, cette affection mutuelle qui n'avait pas besoin d'aveu? N'était-ce pas folie que de s'aventurer plus avant sur un chemin si périlleux?... En même temps que la raison lui commandait de s'éloigner, ses travaux le rappelaient impérieusement à Paris. Son parti fut bientôt pris.

Un soir, comme ils étaient tous réunis, Frédéric annonça son départ et fit ses adieux à Lucile. La jeune fille pâlit et se tut. Les deux frères comprenaient, eux aussi, quoique moins nettement que Frédéric, le danger de sa position : bien qu'ils l'aimassent tendrement, ils ne cherchèrent pas à le retenir.

— Est-ce bien vrai? dit enfin Lucile d'une voix mourante, où se peignait le trouble de son cœur; parlez-vous sérieusement? Vous partez, et pourquoi? Que vous manque-t-il? Vous n'êtes donc pas heureux près de nous? Vous n'aimez donc pas vos amis?

— Je dois partir, répliqua Frédéric; vivre de

votre vie est un bonheur qui n'est pas fait pour moi.

— Il a raison, mon enfant, dit le curé. Chacun ici-bas a ses devoirs; l'oisiveté ne sied pas à son âge.

— Monsieur Frédéric, reprit Lucile tournant vers lui un regard suppliant, attendez au moins le retour de ma mère.

— Sa place n'est pas auprès de nous, dit le docteur; il y aurait de l'égoïsme à le retenir plus long-temps. Voilà déjà bien des jours perdus! Ses débuts ont été brillants : l'heure est venue pour lui de tenir ses promesses.

— Adieu, mes amis, dit Frédéric en se levant et serrant tour à tour la main de Lucile, du docteur et du curé, adieu! Pensez quelquefois à moi, qui penserai à vous sans cesse. J'ai passé près de vous les jours les plus beaux de ma vie, je ne l'oublierai jamais. Soyez heureux, que Dieu vous accorde toutes les joies que vous méritez!

Le docteur et le curé ne devinaient que bien confusément les sentiments qui l'agitaient; ils l'embrassèrent avec une tendresse toute paternelle. Quant à Lucile, pâle, muette, immobile, elle regardait Frédéric et paraissait ne rien comprendre à ce qui se passait autour d'elle. Frédéric sortit le cœur navré, mais ferme, et maître de son émotion.

Le lendemain, à l'aube naissante, comme il achevait ses préparatifs de départ, il vit entrer dans sa chambre le docteur Vincent, dont les traits bouleversés trahissaient une vive anxiété.

— Vous ne partirez pas, vous ne pouvez pas partir, dit le docteur d'une voix émue; votre présence nous est nécessaire, votre tâche n'est pas achevée. Savez-vous ce qui se passe? A peine nous aviez-vous quitté, que Lucile a été prise d'une fièvre ardente. J'ai veillé toute la nuit à son chevet. Dans son délire, elle n'a prononcé que deux noms; quand elle n'appelait pas sa mère, c'est vous qu'elle appelait. Je l'ai laissée dans un état d'exaltation qui m'alarme, je ne vous le cache pas. Si vous vous éloignez, je ne réponds de rien. Songez, mon jeune ami, que vous faites maintenant partie de son existence. Quand sa raison s'est éveillée, c'est sur vous que s'est arrêté son premier regard; c'est vous qui avez reçu la confidence de ses premiers sentiments, de ses premières idées. C'est une âme toute neuve,

qui n'obéit encore qu'à ses instincts. Plus tard,
sans doute, elle pourra se passer de vous; à cette
heure, elle a besoin de vous voir et de vous entendre pour penser, comme elle a besoin d'air pour
respirer. Je connais l'honnêteté de votre cœur, je
prévois tout ce que vous pouvez dire pour justifier
votre éloignement; mais j'en ai conféré avec mon
frère; il a levé tous mes scrupules, sa parole doit
suffire pour rassurer votre conscience et vous décider à rester. N'oubliez pas, mon ami, que je suis
responsable de la vie de Lucile; tant que madame
de Montsabrey ne sera pas revenue, nous devons
la remplacer. Je sais que vos travaux vous rappellent à Paris; mais vous êtes jeune, un long avenir s'ouvre devant vous, et vous ne trouverez pas
deux fois l'occasion d'accomplir un devoir aussi
sacré que celui-là. Faites pour Lucile ce que vous
feriez pour votre sœur. Madame de Montsabrey ne
peut tarder à revenir. Vous avez été témoin de son
désespoir, vous assisterez à sa joie, vous partirez
heureux de son bonheur.

Et comme Frédéric hésitait :

— Vous ne pouvez plus demeurer ici, dans ce

village, reprit le vieillard, qui avait toutes les déli-
catesses du cœur. La saison promet d'être rude.
Vous ne savez pas ce qu'est l'hiver dans nos campagnes; dans quelques jours, les sentiers, ensevelis
sous la neige, seront impraticables. Venez vous
établir chez moi; mon ermitage est assez grand
pour vous recevoir. Votre présence me rendra
quelques lueurs de jeunesse; vous serez comme un
gai rayon au déclin de ma vie. Venez donc, mon
ami, les heures que nous ne passerons pas auprès
de notre chère enfant, nous les passerons à parler
des hommes et des choses que nous aimons.

La conscience la plus droite a tant de replis tor-
tueux, nous sommes si habiles dans l'art d'ériger
nos penchants en devoirs, que Frédéric, enchanté
d'avoir un prétexte qui lui permît de rester, crut
sincèrement qu'il se sacrifiait en consentant à ne
point partir. Il accepta l'hospitalité qui lui était
cordialement offerte, saisit son sac qu'il venait de
fermer, et au lieu de prendre la route de Paris,
s'achemina vers la maison du docteur Vincent, non
sans avoir embrassé l'hôtesse de l'*Aigle d'or* et ses
filles, qui pleuraient comme trois fontaines,

Le docteur n'avait pas trompé Frédéric, Lucile
était aux prises avec une fièvre ardente. A peine
eut-elle aperçu le jeune peintre, que son visage se
calma comme par enchantement. L'éclat de ses
yeux s'adoucit; elle lui tendit la main, et, d'une
voix qui exprimait à la fois la reconnaissance et le
reproche :

— Pourquoi donc, dit-elle, vouliez-vous partir?

Frédéric s'assit à son chevet et n'eut pas de peine
à se justifier.

IX

La vie du château, un instant troublée par cette
rechute imprévue, avait repris son cours accoutumé. L'étude, l'amitié, les causeries sans fin se
partageaient les jours de Lucile. Elle ne se lassait
pas d'interroger Frédéric sur sa mère, sur sa sœur,
sur ses débuts; elle voulait savoir ce qui l'avait
amené à Saint-Maurice, et comment il avait vécu
jusque-là. Frédéric racontait gaiement ses premières épreuves et ses premiers travaux. Il parlait
de son art avec feu; il disait avec simplicité sa pau-
vreté fière et laborieuse. Puis venait le récit de son
voyage; Lucile le suivait, en souriant, tantôt sur les
routes poudreuses, tantôt le long des sentiers ver-
doyants. Il esquissait d'une façon charmante tous
les originaux qui avaient posé devant lui, et dont

les visages hétéroclites, copiés avec une impitoyable fidélité, avaient composé la dot de sa sœur.
Son arrivée chez sa vieille mère, le mariage des
deux fiancés, ses poétiques excursions dans la
Creuse, son entrée à Saint-Maurice et son séjour à
l'*Aigle d'or*, il n'omettait rien, il racontait tout avec
grâce. Il n'oublia pas la bannière du saint patron
rongée par les rats indiscrets. Lucile, malgré son
respect pour le bon curé, ne put retenir un joyeux
éclat de rire au récit de cet épisode. Elle s'intéres-
sait surtout à cette jeune sœur qu'elle ne connaissait
pas, et se faisait redire sans cesse le bonheur du
jeune ménage.

— Je veux connaître votre sœur, vous me l'amè-
nerez; ou, quand ma mère sera de retour, nous
irons ensemble la voir. Je l'aimerai, oh! je l'aimerai
bien : croyez-vous qu'elle m'aimera? disait-elle.

Souvent aussi la conversation prenait un caractère plus sérieux. Pour satisfaire la curiosité de
Lucile, moins encore que pour féconder cette âme
virginale, les deux vieillards l'entretenaient gravement de leur existence modeste, vouée tout entière
aux malheureux. En les écoutant, Lucile compre-

nait la sainteté du dévouement et la grandeur de la bienfaisance. Puis, à son tour, elle racontait tout ce qu'elle avait pensé, tout ce qu'elle avait senti avant d'entrer dans la vie commune.

— C'était un état bien étrange, et dont j'essayerais vainement de vous rendre compte. Je comprenais tout, je sentais tout le prix des soins affectueux qui m'étaient prodigués. J'étais pleine de reconnaissance pour l'amour qui veillait à mes côtés : j'aurais voulu répondre aux caresses de ma mère; mais je ne trouvais pas de paroles pour exprimer les sentiments et les idées qui s'agitaient, qui bourdonnaient en moi comme l'essaim d'une ruche en travail. Que vous avez été bon, docteur, pour cette enfant! Vous aussi, mon ami, ajoutait-elle s'adressant au pasteur. Je vous aimais et ne pouvais pas vous le dire. Continuellement j'entendais dans mon sein un bruit de source qui cherche à jaillir et ne peut percer le rocher. Si j'essayais de rompre le silence, mes efforts redoublaient le tumulte de mes pensées; la vie me suffoquait, et ma lutte se terminait par la défaillance. Ce que j'ai souffert, je ne saurais l'exprimer. Quand ma mère embrassait mes genoux, en s'écriant : — En-

tends-moi! réponds-moi!... — il me semblait que
mon cœur allait éclater, et je tombais inanimée,
écrasée par mon impuissance. Je n'étais bien que
seule, j'aimais la nature, qui me donnait tout sans
me demander rien. Je n'ai d'ailleurs qu'un souvenir
confus de ces années douloureuses. L'image du
passé n'est pour moi qu'un rêve dont j'ai peine à
rassembler les fantômes épars. Ma vie a commencé
le jour où je vous ai aperçu à mon réveil.

Et Lucile attachait sur Frédéric un regard reconnaissant.

Le docteur écoutait ce récit ingénu, comme il
eût écouté la leçon d'un maître. Au sentiment de la
curiosité satisfaite se mêlait chez lui un légitime
sentiment d'orgueil : il s'applaudissait d'avoir deviné
ce que Lucile venait de raconter.

Ainsi les jours s'écoulaient doucement. Mademoiselle de Montsabrey, qui sentait son ignorance
et qui voulait ménager à sa mère une joyeuse surprise, s'emparait avidement de toutes les idées
nouvelles offertes à son esprit. L'hiver n'était pas
achevé, qu'elle avait déjà réparé le temps perdu.

Pareille à ces arbustes du Midi, qu'une chaude journée de printemps suffit pour charger de bourgeons et de fleurs, elle en savait autant que la plupart des jeunes filles de son âge. Elle avait même sur elles un précieux avantage : elle aimait ce qu'elle savait et en nourrissait sa pensée ; son éducation n'avait pas été un pur exercice de mémoire.

Cependant, on touchait à la fin de l'hiver, madame de Montsabrey n'était pas revenue et n'avait pas donné de ses nouvelles. Le docteur avait écrit de nouveau, cette fois au ministre de France, à Milan, à Venise, à Rome, à Florence : madame de Montsabrey n'avait traversé aucune des capitales de l'Italie. Il avait envoyé un exprès à Paris : l'hôtel du vicomte était fermé depuis plusieurs mois. Dans sa terre du Berri, personne ne savait où était le vicomte ; l'intendant lui-même l'ignorait. Que devenait madame de Montsabrey ? Dans quelles contrées voyageait sa douleur ? Pendant que l'infortunée promenait au loin son désespoir, le bonheur l'attendait au seuil de sa porte... Il y avait là quelque chose de poignant qui eût navré le cœur le plus indifférent.

— Pourquoi ma mère n'est-elle pas ici ? demandait constamment Lucile à ses amis ; pourquoi tarde-t-elle à revenir ? Elle me pleure, et rien ne lui dit que sa fille respire et l'appelle !

Tantôt elle voulait partir, la chercher dans le monde entier. Il lui semblait qu'un instinct infaillible guiderait ses pas ; elle refusait de croire que le monde, si grand qu'il fût, pût la cacher longtemps à son amour. Tantôt, seule dans sa chambre, assise devant sa fenêtre ouverte, elle l'appelait à haute voix.

— Ma mère ! ma mère ! disait-elle ; à mon tour, je te crie : Entends-moi, réponds-moi !

Tous les bruits du dehors la faisaient tressaillir : le galop d'un cheval, le roulement d'une voiture, faisaient affluer son sang à son cœur. On se souvient du compagnon fidèle qui veillait sur Lucile enfant, et la ramenait au château quand elle s'oubliait dans les bois. Comme par le passé, il la suivait partout, il était toujours auprès d'elle. La jeune fille lui disait parfois :

— Turc, où est ma mère ? cherche-la, mon bon chien !

Turc, aussitôt, agitant sa queue, furetait dans tous les coins du logis, s'échappait de la cour en poussant des abois plaintifs, battait les campagnes environnantes et revenait, l'oreille basse, se coucher aux pieds de sa jeune maîtresse, qui le caressait tristement. Il y avait des jours où le découragement s'emparait de Lucile; mais les trois amis veillaient sur elle et la relevaient par de douces paroles. Le docteur lui promettait le prochain retour de madame de Montsabrey; le curé lui enseignait la soumission aux volontés de Dieu; Frédéric redoublait d'empressement et de tendresse fraternelle. Touchée de tant de soins et d'affection, l'aimable enfant craignait d'être ingrate, et se reprenait à l'espoir, au bonheur.

Les premiers beaux jours complétèrent sa régénération. Elle assista au réveil de la nature, comme Eve contemplant pour la première fois les enchantements de l'Eden; ses facultés achevèrent de s'épanouir, comme la corolle d'une fleur sous les tièdes baisers du soleil. La jeunesse et l'intelligence rayonnaient sur son front et dans son regard autrefois immobile; la vie circulait sous l'albâtre rosé de

12

son visage, et jusque dans les boucles de ses blonds cheveux, où la brise aimait à se jouer. Jamais beauté plus suave n'avait souri à la clarté du ciel. Tout verdissait, chantait, fleurissait autour d'elle; elle était elle-même une des grâces de la création.

Avec le printemps étaient revenues les longues promenades. Ils allaient ensemble le long des haies, admirant et commentant le poème éternel qu'ils avaient sous les yeux. Frédéric ne songeait plus à partir; il oubliait tout ce qui n'était pas Lucile. Respirer l'air qu'elle respirait, s'enivrer à toute heure du charme de sa voix et du charme de sa présence, il ne rêvait, ne demandait rien au delà. Sa conscience était en repos : il avait voulu s'éloigner, et le docteur l'avait retenu en lui parlant de devoirs à remplir. Que lui réservait l'avenir? Quel serait le dénoûment de son séjour prolongé au château de Montsabrey? Il ne s'en inquiétait pas et laissait couler les jours. De leur côté, les deux frères étaient sans défiance. Candide comme un enfant, complétement rassuré d'ailleurs par l'attitude de Frédéric et par la pureté de Lucile, le curé avait pris le parti de ne plus s'alarmer de leur intimité; le docteur lui-même, secrètement charmé d'avoir pour hôte ce jeune homme qui égayait sa solitude, le docteur, malgré sa clairvoyance et sa pénétration, vivait dans une paix profonde. Cette sécurité fut troublée.

X

Depuis longtemps Lucile désirait descendre à
Saint-Maurice. Un dimanche, par une belle matinée, elle prit le bras du docteur Vincent et s'achemina vers le village ; Frédéric marchait auprès
d'elle. Comme ils arrivaient sur la place, la foule
silencieuse achevait de s'écouler dans le temple rustique ; le service divin commençait. Les paysans,
qui ne connaissaient madame de Montsabrey que
par ses bienfaits, avaient à peine entrevu sa fille ;
mais, on le sait, la pauvre innocente avait été, pendant dix ans, la grande préoccupation du hameau.
La nouvelle de sa mort les avaient consternés ; sa
résurrection était le sujet de tous les entretiens.
L'hôtesse de l'*Aigle d'or* n'hésitait pas à dire à tout
venant que c'était Frédéric, Frédéric qui l'avait

12.

sauvé, Frédéric qui lui avait rendu la vie et la raison. Comme le jeune peintre était aimé de tout le village, personne n'avait refusé d'y croire, si bien qu'à deux lieues à la ronde Frédéric passait pour avoir ressuscité, en moins d'un an, le grand saint Maurice et mademoiselle de Montsabrey. On venait en pèlerinage visiter la chambre qu'il avait occupée à l'auberge de l'*Aigle d'or*. Pendant la messe, tous les regards restèrent fixés sur lui et sur Lucile. Ils étaient si beaux, si charmants tous les deux, que la pensée ne pouvait s'empêcher de les fiancer aussitôt l'un à l'autre. A la sortie de l'église, sous l'auvent de tuiles moussues, ils furent entourés d'une foule empressée, qui les accompagna jusqu'à la porte de la cure. Lucile passa le reste de la journée au presbytère et se retira le cœur tout imprégné du bon parfum qu'on y respirait. Elle avait repris le bras du docteur Vincent; mais, au bout de quelques pas, le docteur, retenu par un groupe de bonnes femmes qui, depuis le matin, guettaient son passage, avait dû céder à Frédéric le bras de mademoiselle de Montsabrey. Les deux jeunes gens traversèrent la place et gagnèrent le sentier creusé dans la mon-

tagne, sans entendre les propos de la foule qui s'ouvrait devant eux.

— C'est pourtant lui qui l'a sauvée! disait l'un.

— Il en sera bien récompensé, disait l'autre. C'est,
ma foi, une belle cure, mais c'est aussi un beau brin
de fille.

— Allez, croyez-moi, compère, disait un troisième,
il n'y a que la jeunesse pour sauver la jeunesse.

— Et à quand le mariage? demandait le gros
Nicolas en se frottant les mains.

— Jarnidieu! reprenait maître Sylvain, voilà un
Parisien qui n'aura pas perdu son temps chez nous.
C'est un bon métier que le métier de peintre.

— Oui, ajoutait le petit Léonard, ça rapporte plus
que de gauler des noix.

Lucile et Frédéric s'étaient hâtés d'échapper à la
curiosité des indigènes. Ils cheminaient dans le sentier désert, la jeune fille appuyée au bras du jeune
homme. C'était la première fois qu'ils se trouvaient
seuls : ils s'enivraient sans trouble et sans remords
de ce bonheur qu'ils n'avaient pas cherché. Ils ne
se disaient rien que le docteur ou le curé n'eût pu
entendre, et pourtant ils étaient heureux de se sen-

tir ainsi l'un près de l'autre, marchant sans témoins
sous la voûte du ciel. Jamais ils ne s'étaient inquiétés des regards qui veillaient sur eux, et cependant
ils jouissaient délicieusement de cette première
heure de solitude et de liberté. La soirée était belle.
A quelque distance du château, ils allèrent s'asseoir
sur le tertre incliné où Frédéric avait aperçu pour
la première fois mademoiselle de Montsabrey. Les
étoiles commençaient à poindre ; les haies se remplissaient de cris d'oiseaux qui se blottissaient dans
leurs nids. Ils restèrent longtemps silencieux, recueillis, regardant les teintes orangées du couchant,
prêtant l'oreille aux confuses rumeurs qui montaient
du vallon, abîmés dans la contemplation des splendeurs de la nuit.

— C'est ici, dit enfin Frédéric, c'est à cette place
où nous sommes que je vous ai vue pour la première
fois. C'était par un beau jour d'automne. Je n'avais
fait que vous entrevoir, et déjà vous étiez l'unique
préoccupation de ma vie.

Et le jeune peintre raconta quel intérêt soudain
il avait ressenti pour la destinée de Lucile. Sa parole avait l'éloquence facile des sentiments sincères :

Lucile, charmée, ne songeait pas à l'interrompre; la voix de Frédéric arrivait à son cœur, plus fraîche, plus embaumée que le vent qui courbait autour d'elle les hautes herbes et les genêts fleuris.

Quand il eut cessé de parler :

— Ainsi, dit-elle, avant de me connaître, vous pensiez à moi, vous étiez attiré par mon malheur? Oh! mon ami, c'est que vous êtes bon. Tenez, puisque nous sommes seuls, je veux vous confier une chose que je n'ai jamais osé dire devant le docteur et le curé. Au temps où ma vie n'était qu'un rêve pénible et tourmenté, je voyais toutes les nuits un être mystérieux qui s'asseyait à mon chevet et qui vous ressemblait comme un frère. Il me regardait en souriant, et je sentais mon intelligence se dégager sans effort des liens qui l'opprimaient. Il me parlait, et je trouvais sans peine des paroles pour lui répondre. Il avait tous vos traits; sa voix était douce comme la vôtre; quand je vous aperçus à mon réveil, je reconnus l'ami qui visitait mes songes.

Ils étaient retombés dans leur rêverie silencieuse; ils se taisaient, pour mieux écouter le langage divin de leurs âmes. A deux pas du tertre où ils étaient

assis, le docteur, qui venait de les rejoindre et qu'ils
ne voyaient pas, les regardait, depuis quelques instants, d'un air pensif et doux.

— Mes enfants, dit-il avec bonté, il se fait tard;
Hippocrate est d'avis qu'on ne doit pas s'exposer
trop longtemps à la fraîcheur des nuits sereines.

Aussi purs que le ciel qui étincelait au-dessus de
leurs têtes, les deux jeunes gens n'avaient senti, à la
voix du vieillard, ni rougeur au front ni confusion
au cœur. Ils étaient sans honte, mais non pas sans
émoi. Le reste du trajet se fit en silence, et le bras
de Lucile tremblait sur le bras du docteur. A peine
rentré, Frédéric, au lieu d'achever la soirée avec
son hôte, comme il en avait l'habitude, lui serra la
main et se retira dans sa chambre; le bonheur a
besoin de recueillement, et, comme la douleur, est
ami de la solitude.

Les étoiles pâlissaient, l'orient commençait à blanchir, et le docteur Vincent se promenait encore
dans les allées de son verger. Il avait entendu et
recueilli la veille tous les propos qui se tenaient à
Saint-Maurice; il avait observé la muette rêverie de
Lucile et de Frédéric : un mutuel aveu ne lui en eût

pas appris davantage. Jusqu'à ce jour, le bon docteur n'avait vu, dans l'entraînement de la jeune fille vers le jeune peintre, qu'un instinct irréfléchi dont la raison finirait par triompher. D'une autre part, la tendresse purement fraternelle que Frédéric témoignait à mademoiselle de Montsabrey avait achevé de le rassurer. Le bon docteur comprenait un peu tard qu'il s'était fourvoyé. Que faire? quel parti prendre? La position était périlleuse. Si Frédéric s'éloignait, que deviendrait Lucile? S'il restait, où s'arrêterait cette affection qui n'osait pas encore se nommer? Madame de Montsabrey se résignerait-elle à donner la main de sa fille à un artiste de passage? Le vicomte, qui ne manquait pas de morgue aristocratique, se prêterait-il à une telle mésalliance? De quelque côté qu'il se retournât, le docteur n'entrevoyait qu'embarras et difficultés. Il pensait avec tristesse à l'avenir des deux enfants qu'il aimait, à la vie de Lucile, à peine éclose et déjà éprouvée; il pensait avec effroi à l'absence prolongée de madame de Montsabrey, et se sentait plier sous la lourde responsabilité qui pesait sur sa tête chenue.

Après avoir pris quelques heures de repos, il se

disposait à descendre au village pour se consulter
avec son frère : comme il ouvrait la grille du jardin,
il se trouva nez à nez avec le facteur rural, orné de
sa boîte en sautoir.

— Une lettre pour vous, monsieur Vincent.

Le docteur poussa un cri de délivrance, en reconnaissant l'écriture de l'adresse : c'était une lettre de
madame de Montsabrey. Tandis qu'on la cherchait
en Italie, la mère de Lucile, qui n'avait pas quitté
la France, vivait retirée à Saint-Raphaël, dans le
Var. Elle écrivait :

« Saint-Raphaël, 23 juin 1846.

» Mon vieil ami,

» Je suis arrivée ici mourante; j'ai refusé d'aller
plus loin. A quoi bon? Ma douleur n'est pas de
celles qui cherchent des distractions; puisque je
n'en suis pas morte, j'en vivrai jusqu'à mon dernier
jour. Pourquoi avez-vous souffert qu'on profitât de
mon évanouissement pour m'arracher du lit où ma
fille venait d'expirer? C'était pour me sauver, m'a-
t-on dit : allez, la douleur ne tue pas. Je me sens
enfin la force de retourner dans la demeure où j'ai

vécu si longtemps avec ma bien-aimée Lucile. C'est
là que je veux vieillir et m'éteindre moi-même,
seule avec son image. Je n'ai jamais compris ces
faibles cœurs qui craignent d'habiter les lieux où
tout leur rappelle sans cesse les êtres chéris qu'ils
ont perdus. Dans quelques jours, je serai près de
vous. Je n'attends plus de bonheur ici-bas ; ma seule
consolation sera de parler d'elle à toute heure.
Placez à mon chevet le portrait que vous m'avez
promis. J'avais écrit pour vous le demander : par
une pitié cruelle, mon frère a retenu ma lettre. C'est
donc là, ma Lucile, tout ce qui me reste de toi !

» A bientôt, mon ami, que Dieu veille sur vous !

» AMÉLIE DE MONTSABREY. »

A toute heure, la promesse du prochain retour
de madame de Montsabrey eût comblé de joie le
docteur Vincent. Au point où en étaient les choses,
il la reçut comme un bienfait, comme une bénédic-
tion du ciel : l'expérience lui avait appris que la sur-
veillance de deux jeunes gens n'est pas une petite
tâche. Le retour de madame de Montsabrey coupait
court à toutes les difficultés : la mutuelle affection

13.

de Lucile et de Frédéric n'aurait pas le temps de
grandir, de pousser des racines profondes ; ils pour-
raient se séparer sans que leur vie fût à jamais brisée. Le vieillard, à qui le bonheur venait de rendre
le pas de sa jeunesse, courut à la chambre de Frédéric.

— Madame de Montsabrey a écrit, elle revient !
s'écria-t-il ; allons vite porter cette bonne nouvelle
à sa fille.

À ces mots, le jeune peintre devint pâle comme
! mort ; le docteur, sans remarquer l'altération de
son visage, l'entraîna vers le château.

— Mon enfant, dit-il en abordant Lucile qui se
promenait au jardin, dans quelques jours vous em-
brasserez votre mère.

Lucile jeta un cri de joie, et, saisissant la lettre
que lui tendait le docteur, elle la couvrit de larmes
et de baisers.

Frédéric, morne et silencieux, se tenait debout
auprès d'elle : il avait fait un doux rêve et venait de
se réveiller.

XI

Frédéric avait senti sur-le-champ que son rôle était fini, sa tâche terminée, et qu'un seul parti lui restait désormais. L'hésitation n'était pas permise ; cependant il avait compris en même temps que son devoir l'obligeait d'attendre madame de Montsabrey : la fuite, au moment de son arrivée, aurait eu l'apparence d'un remords. Quant à Lucile, un seul sentiment remplissait son cœur : elle allait revoir, elle allait embrasser sa mère. La pensée que Frédéric devait partir ne lui était même pas venue à l'esprit ; si quelqu'un fût venu lui dire qu'elle était sur le point de perdre son ami, elle n'eût répondu que par un sourire d'incrédulité.

Tout était prêt pour le retour. Le docteur savait que la joie peut foudroyer comme la douleur, et

voulait ménager le cœur de madame de Montsabrey;
il sentait qu'elle succomberait, s'il lui annonçait
trop brusquement la résurrection de sa fille. Il avait
tout prévu, tout calculé; Lucile et les serviteurs
avaient promis de le seconder.

Un matin, ils étaient tous réunis au salon du château, Lucile, le docteur, le curé et le jeune peintre.
Le salon, rempli de fleurs, inondé de soleil, avait
un air de fête. Tous quatre paraissaient en proie à
une émotion dont on peut aisément se faire une idée:
le docteur venait de recevoir quelques lignes du
vicomte, annonçant pour le jour même l'arrivée de
madame de Montsabrey. Les deux vieillards cherchaient à calmer l'agitation de la jeune fille. Témoin
de leur bonheur à tous, Frédéric savourait en silence la seule joie qui ne lui fût pas interdite : dans
cette demeure, si longtemps habitée par le désespoir, il n'y avait plus que lui de malheureux. Par
un sentiment de discrétion facile à comprendre, il
eût voulu ne pas assister à la première entrevue,
mais ses amis avaient insisté : puisqu'il avait été à
la peine, il devait être à la récompense.

Les heures se traînaient bien lentement au gré de

Lucile, que consumait la fièvre de l'attente. A chaque instant elle interrogeait la pendule, courait au balcon, plongeait dans la campagne un regard avide, et allait se rasseoir d'un air découragé. L'attente est le supplice du bonheur. Il était midi : l'*Angelus* sonnait à l'église de Saint-Maurice. Tout à coup, Turc, qui était couché aux pieds de sa maîtresse, se leva, dressa les oreilles et flaira le vent. Presque aussitôt on entendit le roulement lointain d'une voiture. Le bruit se rapprochait de plus en plus. Entourée du docteur, de Frédéric et du curé, Lucile se tenait debout dans l'embrasure d'une fenêtre. Elle était pâle, tremblante, éperdue, et pressait son cœur à deux mains. Enfin, un cri partit de sa poitrine : une chaise de poste venait d'enfiler l'avenue et s'avançait au galop des chevaux.

— Ma mère ! c'est ma mère !

Et la jeune fille fit un mouvement pour s'élancer à la rencontre de madame de Montsabrey. Le docteur la retint avec autorité.

— Est-ce là, mon enfant, ce que vous m'avez promis ? Soyez maîtresse de vous-même. Votre mère a résisté à la douleur de vous perdre ; voulez-vous qu'elle succombe à la joie de vous retrouver?

— Oui, mon ami, je serai forte; oui, je serai maîtresse de moi-même! s'écria Lucile, se jetant dans les bras de son vieil ami; mais, au nom du ciel, ayez pitié de moi! ne prolongez pas trop longtemps cette épreuve!

Quelques instants après, la porte du château s'ouvrait à deux battants, et le pavé de la cour s'ébranlait sous les roues de la chaise de poste. Les deux frères étaient descendus au perron; Frédéric, qui les avait suivis, se tenait à l'écart. Ce fut le docteur qui ouvrit la portière et abaissa le marchepied; puis, avec la galanterie d'un vieux gentilhomme, il offrit sa main à madame de Montsabrey. La mère de Lucile était si changée, que les serviteurs, groupés autour de la voiture, hésitèrent à la reconnaître; des larmes d'attendrissement coulaient de tous les yeux. Elle promena autour d'elle un regard douloureux, s'appuya en silence sur le bras du docteur, et monta lentement les degrés du perron, pendant que le pasteur, qui avait pris le vicomte à part, le mettait dans la confidence. En présence de ses gens, elle avait contenu son émotion; à peine entrée dans le salon, elle s'affaissa sur un divan, et son sein éclata en sanglots. Les deux vieillards et le vicomte, assis auprès d'elle, contemplaient, avec un sentiment qui ressemblait presque au remords, l'explosion de ce désespoir qu'ils pouvaient, d'un seul mot, changer en transports d'allégresse.

— Mon ami, dit-elle au docteur, dès qu'elle fut un peu calmée, montrez-moi le portrait de ma fille.

— Madame, répliqua gravement le docteur, consultez bien votre courage. Vous étiez la plus infortunée des mères, votre fille venait d'expirer, lorsqu'on a dessiné ses traits : vous sentez-vous la force d'en soutenir la vue?

— Oui, mon ami, oui... Mais pourquoi ces fleurs? Pourquoi cet air de fête répandu autour de mon deuil? Ah! je comprends... Ma fille aimait les fleurs, et vous avez voulu que tout me parlât d'elle. Vous avez bien fait, mon ami; il me semble que je respire son âme mêlée à tous ces parfums... Donnez-moi son portrait, ajouta-t-elle avec une nouvelle insistance.

— Je crains...

— Ne craignez rien; j'ai vu mourir ma fille, je puis tout supporter.

— En êtes-vous bien sûre, madame?

— Oui, mon ami, oui, je réponds de moi... Hélas! vous le savez, jamais la vie n'éclaira le visage de ma pauvre Lucile; la mort n'a pu le changer.

— Eh bien, madame, dit le docteur, puisque vous êtes sûre de vous-même, puisque vous êtes prête à tout, puisque vous croyez pouvoir tout supporter... tournez la tête et levez les yeux : votre fille est au-dessus de vous.

Madame de Montsabrey tressaillit, se retourna vivement, et resta immobile, frappée de stupeur, devant un portrait de Lucile, que Frédéric avait achevé quelques semaines auparavant. C'était une belle peinture, vraiment digne du pinceau d'un maître. On sentait que l'artiste avait plus d'une fois regardé dans son cœur pour reproduire l'image du modèle. Le front resplendissait de vie et de jeunesse; la pensée étincelait dans le regard; les lèvres, pleines de bonté, s'épanouissaient en un demi-sourire. La poitrine respirait largement; les cheveux foisonnaient aux tempes et ruisselaient le long des joues

en boucles blondes et vivaces. Il y avait, dans l'expression de ce doux visage, quelque chose de l'étonnement de Psyché au moment où son âme vient de
s'éveiller à l'amour.

— O mon Dieu! est-ce un rêve? s'écria madame
de Montsabrey; elle vit, elle respire, elle pense, elle
va parler! Oh! mes amis, c'est ma Lucile, c'est mon
enfant deux fois ressuscitée!

— Madame, dit le curé, Dieu fait encore des
miracles, il en fait tous les jours; ceux qui ne les
voient pas sont des aveugles, ceux qui les nient sont
des ingrats.

— Dieu qui m'a pris ma fille ne me la rendra pas,
murmura-t-elle en secouant tristement la tête.

— Dieu peut vous la rendre, madame.

— Que dites-vous?... Ah! laissez, laissez-moi...
dit madame de Montsabrey, se soutenant à peine.

— Oui, madame, Dieu peut vous la rendre, Dieu
peut tout! ajouta le pasteur en élevant la voix. Ap-
pelez votre fille, appelez-la avec la foi d'une chrétienne... Peut-être verrez-vous ce portrait s'animer,
prendre un corps et se détacher de son cadre pour
venir tomber dans vos bras.

13.

Madame de Montsabrey regardait tour à tour, avec l'égarement de la folie, le curé, le docteur et le vicomte, qui lui souriaient tous trois. Elle doutait, elle hésitait encore.

— Lucile! ma Lucile! s'écria-t-elle enfin d'une voix éclatante.

A ces mots, la porte de la pièce voisine s'ouvrit, et Lucile se jeta dans les bras de sa mère.

XII

Frédéric avait assisté à la fin de cette scène. Il s'était glissé discrètement dans l'embrasure d'une fenêtre, et là, il se disait avec amertume qu'il n'y avait plus de place pour lui dans cette famille rendue au bonheur. Personne ne songeait à lui, si ce n'est Turc, qui lui léchait les mains. Il allait s'éloigner, lorsque madame de Montsabrey lui adressa quelques paroles affectueuses ; elle venait d'apprendre que c'était à ce jeune étranger qu'elle devait le portrait de sa fille. Dans l'ivresse de sa joie, elle ne pensait qu'à le remercier, et ne se demandait pas comment il se trouvait au château.

Après avoir répondu en balbutiant, Frédéric se retira et passa le reste de la journée à errer seul dans la campagne, à visiter une dernière fois les

lieux qu'il avait tant aimés et que remplissait l'image
de Lucile. Il dîna dans une métairie, et ne rentra
qu'à la tombée de la nuit. La maison du docteur
était vide ; le docteur n'avait pas quitté le manoir.
Frédéric s'occupa sur-le-champ des préparatifs de
son départ. Comme il mettait en ordre ses crayons
et ses pinceaux, il entendit frapper à sa porte, et ne
fut pas médiocrement surpris en reconnaissant sur
le seuil le vicomte de Montsabrey.

Le visage impassible, l'air froid et compassé,
d'une élégance qui ne variait jamais, d'une politesse
tellement exquise qu'elle touchait à l'impertinence,
d'un esprit si correct, d'un savoir-vivre si raffiné,
d'un comme il faut si désespérant, qu'après l'avoir
subi pendant une heure on éprouvait un farouche
besoin d'aller finir ses jours chez les Hurons ; galant
homme d'ailleurs, je n'en veux d'autre preuve que
son dévouement pour sa belle-sœur et son affection
pour sa nièce : tel était le vicomte de Montsabrey,
qui passait généralement pour un *gentleman* accompli. Entre autres prétentions, il avait celle d'aimer
les arts et de s'y connaître. Quant aux artistes, il les
considérait comme une espèce d'animaux barbus,

qui tenaient du castor par l'intelligence, de l'Iro-
quois par les manières, et que Dieu avait mis sur
terre uniquement pour peindre des tableaux ou
tailler des statues. La vue seule du chapeau de Frédéric l'avait plongé dans une profonde stupeur. En
apprenant que depuis plusieurs mois ce jeune
homme était, en quelque sorte, devenu l'hôte du
château, il n'avait pu dissimuler son étonnement,
et n'avait imaginé qu'une explication plausible au
séjour prolongé de Frédéric à Saint-Maurice : toute
peine mérite salaire, et ce garçon ne voulait pas
quitter le pays avant d'avoir touché ses honoraires.

—Monsieur, dit le vicomte après l'avoir salué
et s'asseyant auprès de lui, le docteur Vincent nous
a mis au courant de tout ce que vous avez fait pour
ma nièce. Je regrette sincèrement de n'en avoir pas
été instruit plus tôt. Votre temps est précieux; il
se trouve que, sans le savoir, nous en avons singulièrement abusé. Je me plais à le reconnaître, le
portrait de Lucile est une véritable merveille. Ne
prenez pas ce compliment pour une parole en l'air :
j'ai visité l'Espagne, l'Italie, la Belgique, et, je
l'avoue, j'ai vu peu de peintures qui m'aient fait

autant de plaisir. Fixez vous-même le prix de votre travail; quel qu'il soit, je ne croirai jamais avoir payé trop cher un ouvrage si remarquable.

En achevant ces mots, le vicomte ouvrit son portefeuille. Frédéric l'avait écouté sans le comprendre. En voyant le portefeuille s'ouvrir, il sentit tout son sang lui monter au visage; il devina qu'il avait affaire à un de ces hommes du monde qui croient que tous les services peuvent se payer avec de l'argent.

— Est-ce madame de Montsabrey qui vous envoie, monsieur? demanda-t-il d'une voix brève.

— Ma sœur est tout entière à sa fille et n'a pu songer encore à s'acquitter envers vous. Permettez donc, mon cher monsieur...

— Vous ne me devez rien, monsieur le vicomte, répondit froidement Frédéric. Mon travail, puisqu'il vous plaît de l'appeler ainsi, est payé bien au delà de sa valeur par le spectacle touchant auquel j'ai assisté ce matin. Je ne veux pas d'autre récompense que la joie et le bonheur de madame de Montsabrey.

— Cependant, monsieur...

— N'insistez pas, monsieur le vicomte, dit Frédéric d'un ton sec qui ne souffrait pas de réplique.

Le vicomte sentit qu'il venait de faire un pas de clerc. Il se leva un peu confus, et se retira en redoublant de politesse.

— Où diable la fierté va-t-elle se nicher? disait-il en poussant la grille du jardin. Depuis qu'un empereur a ramassé le pinceau du Titien, il n'est pas de rapin qui ne se prenne pour un grand seigneur.

Une heure après, le docteur Vincent rentrait chez lui. Il acheva la soirée avec son jeune ami; c'était la dernière qu'ils devaient passer ensemble. Frédéric avait résolu d'emporter avec lui le secret de son cœur; mais il vint un instant où, ne pouvant plus se maîtriser, il cacha sa tête entre ses mains et laissa couler ses larmes. Le vieillard connaissait la source de ces pleurs; il n'avait pas besoin des confidences de ce malheureux jeune homme pour savoir ce qui souffrait en lui. Il le prit entre ses bras et le tint longtemps embrassé.

— Allons, mon enfant, du courage! lui disait-il; que la conscience du bien que vous avez fait vous

relève et vous réconforte. Votre cœur n'est pas seul
atteint; à l'heure de votre départ, vous ne serez pas
seul à pleurer. Du courage, mon cher Frédéric!
Soyez fort pour elle et pour vous. Il y a trois grands
docteurs qui, pour ne point signer d'ordonnances,
guérissent pourtant plus de malades que toute la Faculté. Ils vous guériront, mon ami : c'est le travail,
c'est l'art, c'est le temps. Un jour viendra où la douleur qui vous accable en ce moment ne sera plus
pour vous qu'une image souriante, le plus frais, le
plus pur de tous les souvenirs que vous aura laissés
la jeunesse.

Le lendemain, dans l'après-midi, Frédéric, accompagné du docteur, se présentait au château, en
habit de voyage. Madame de Montsabrey, Lucile, le
vicomte et le curé étaient réunis au salon.

— Madame, dit-il après avoir salué respectueu-
sement madame de Montsabrey sans oser jeter les
yeux sur Lucile, je viens prendre congé de vous. Je
vous suis désormais inutile; le peu de bien que je
pouvais faire, je l'ai fait. Le spectacle de votre bonheur ne sortira jamais de ma mémoire. Ma plus
douce joie, mon plus cher orgueil, sera toujours de

penser qu'il m'a été donné de tenir, moi qui suis si peu de chose, une place dans votre vie.

Malgré sa ferme résolution de cacher ce qui se passait en lui, il ne put soutenir son rôle jusqu'au bout. Sa langue s'embarrassait; ses paroles devenaient confuses. Comme il détournait la tête pour cacher son émotion, il aperçut deux larmes sur les joues de Lucile, et se sentit lui-même près de pleurer.

— Ainsi, monsieur, vous partez quand j'arrive! dit madame de Montsabrey le priant de s'asseoir; je m'en afflige, et ne saurais m'en étonner. Il y a si longtemps que vous n'avez vu votre mère, votre sœur!... Et puis les travaux de votre profession vous rappellent à Paris; c'est à Paris seulement que la renommée s'acquiert. J'aimerais à vous garder près de moi, car j'ai à peine eu le temps de vous remercier; mais ce serait trop d'exigence, vous m'en voudriez peut-être, et moi-même, monsieur, je ne me le pardonnerais pas.

Chacune de ces paroles entrait comme une pointe d'acier dans le cœur de Frédéric. Dans sa douleur muette, il accusait madame de Montsabrey d'ingra-

titude et de sécheresse. A vrai dire, ce n'était point
là les adieux qu'il avait rêvés. Il avait compté sur
l'expression naïve d'un sentiment sincère, il ne
rencontrait que cette banale urbanité que donne
l'habitude du monde.

Il se leva pour se retirer; madame de Montsabrey
le retint et l'obligea à se rasseoir. Peu à peu la conversation prit un tour plus affectueux et presque
familier. La châtelaine questionnait l'artiste sur sa
famille, sur ses débuts, sur ses projets; chaque
réponse de Frédéric lui prouvait que le bon docteur et le bon curé n'avaient rien exagéré, en louant,
en exaltant sans mesure les qualités de ce jeune
homme. Lucile se taisait, mais son visage trahissait
toute son anxiété. Madame de Montsabrey l'observait à la dérobée, et parfois attachait sur elle un
regard qui semblait descendre jusqu'au fond de
son âme.

— Je veux pourtant, monsieur, m'acquitter envers
vous, dit-elle brisant brusquement le fil de l'entretien. Je sais que vous avez refusé les offres de mon
frère; j'aime à croire que vous me traiterez avec
moins de rigueur. Vous ne partirez pas, vous ne

pouvez pas partir sans emporter un gage de ma reconnaissance.

Frédéric, blessé, presque humilié, comme la veille en écoutant le vicomte, se leva, la mort dans le cœur, et jeta à madame de Montsabrey un regard de douloureux reproche. Tous les personnages qui assistaient à cette scène s'étaient levés en même temps. Lucile, près de défaillir et blanche comme un linceul, s'appuyait sur le bras du docteur, qui partageait en secret le martyre de ces deux enfants.

— Madame, dit le jeune peintre, souffrez que je me retire. La journée est avancée, je voyage à pied, et ma première étape est longue.

— Monsieur nous permettra du moins, dit le vicomte avec courtoisie, de le faire conduire en voiture jusqu'à la ville voisine.

— Monsieur le vicomte est mille fois trop bon, répliqua Frédéric qui n'avait pu s'empêcher de sourire.

Madame de Montsabrey s'était approchée de lui et le regardait depuis quelques instants avec une expression de tendresse ineffable.

— Jeune ami, dit-elle à Frédéric d'une voix si

douce qu'il sentit son cœur près de se fondre, il y a une récompense que vous ne refuserez pas, la seule que je puisse vous offrir, la seule qui soit digne de vous... Ma Lucile, donne-moi ta main.

Soutenue par le docteur et le curé, demi-morte, demi-souriante, Lucile s'avança vers sa mère.

Madame de Montsabrey prit la main de sa fille, la mit dans celle du jeune homme, et, les réunissant dans une même étreinte, elle leur dit :

— Vous êtes mes deux enfants.

Le docteur et le curé pleuraient.

Le vicomte, impassible, refusait d'en croire ses yeux et ses oreilles.

Madame de Montsabrey se tourna vers lui.

— Vous n'y aviez pas songé ? dit-elle.

— Vraiment non, dit le vicomte.

— Eh bien, mon frère, ajouta-t-elle gaiement, nous aurons un artiste dans la famille.

Le vicomte se pinça les lèvres et répondit avec dignité :

— Un de mes ancêtres a connu Léonard de Vinci et le Primatice à la cour de Fontainebleau : nous avons de tout temps encouragé les arts.

— Saint Maurice n'a pas été ingrat, dit le bon curé en pressant les mains de Frédéric.

Car le pieux vieillard n'hésitait pas à proclamer l'intervention du saint patron dans l'heureux dénoûment de cette histoire.

Quelques jours après, la famille de Frédéric arrivait au château de Montsabrey.

Frédéric sauta au cou de sa sœur, et, la conduisant vers Lucile :

— J'étais parti, lui dit-il, pour t'amasser une dot : j'ai rencontré sur ma route l'amour et le bonheur !

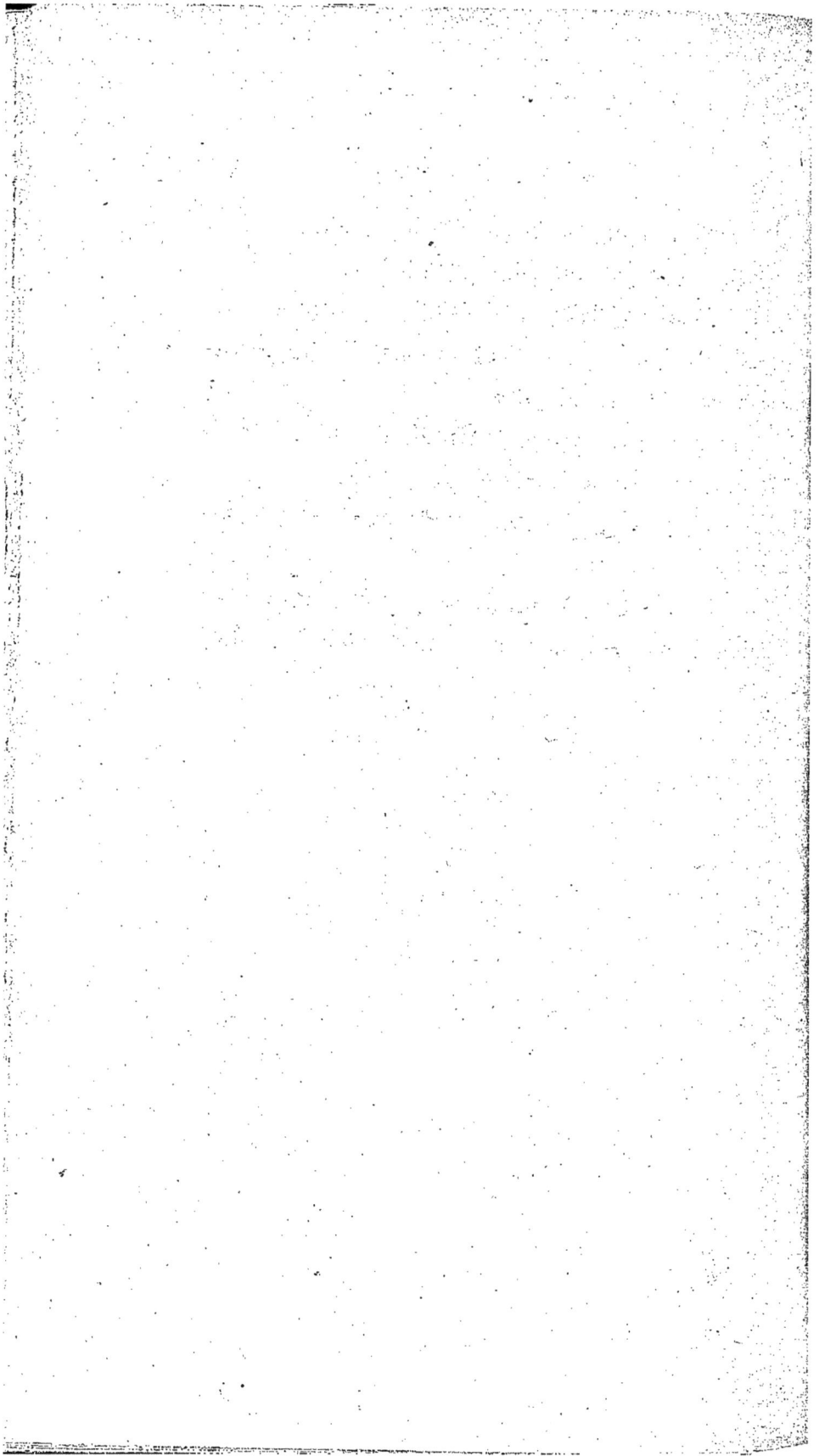

OLIVIER

A

MADAME C. DE COURBONNE

OLIVIER

— Ainsi, dit Mario m'interrompant, vous ne
croyez pas à la Providence? Selon vous, c'est la
fatalité qui gouverne et régit le monde?

— Entendons-nous, lui dis-je; je crois à la Providence générale, à celle dont émane de toute éter-
nité la loi qui règle toutes choses. Il faut être aveugle
ou insensé pour la nier, celle-là : la nature entière
la révèle et la proclame; mais, je l'avoue, je ne
crois pas qu'une Providence particulière se dérange
à chaque instant pour nous. Dieu, qui veille à la
conservation des espèces, se soucie fort peu des
individus, et c'est, à mon sens, une sotte manie que
de le faire intervenir à tout propos dans nos affaires.

14

— Prenez garde! reprit Mario; que penseriez-vous d'un roi qui, après avoir promulgué les lois de son royaume, vivrait, les bras croisés, au fond de son palais? S'il étendait sa sollicitude jusqu'au moindre de ses sujets, vous en paraîtrait-il moins grand? Dans une nuit noire, sur un marbre noir, une fourmi noire, Dieu la voit et l'entend... Cela me semble plus conforme à la grandeur de l'Être suprême que les systèmes qui le représentent immobile et indifférent dans sa gloire.

— A ce compte, lui demandai-je en souriant, vous croyez au rôle actif de la Providence dans la destinée de chacun de nous?

— Pourquoi pas? répliqua Mario. Si vous reléguez la Divinité sur des hauteurs inaccessibles, si je ne puis la bénir dans ma joie ni l'implorer dans ma détresse, si, dans un cas désespéré, je ne dois rien attendre d'elle, pas même le brin d'herbe que la colombe jette à la fourmi qui se noie, que m'importe, à moi, votre Dieu? Roseau pensant, j'ai besoin d'un appui; il me faut un Dieu secourable. Je crois, comme vous, aux lois immuables de la création; je ne pense pas que la Providence daigne changer pour nous l'économie du monde, se manifester à toute heure, ni qu'on doive sottement invoquer son intervention, comme font les portières à propos de leur chat ou de leur serin; mais je dis qu'il y a des circonstances où l'on ne saurait, sans ingratitude, s'empêcher de la reconnaître et de la proclamer. Tout homme a dans sa vie une page au bas de laquelle le nom de Dieu se trouve écrit en signes éclatants. Tenez, ajouta-t-il en s'arrêtant au milieu de l'allée où nous marchions tous deux, au lieu de discuter, comme nous le faisons depuis deux heures, sur des questions où tout n'est que ténèbres et incertitude quand on n'y pénètre pas avec le flambeau de la foi, voulez-vous que je vous raconte une histoire?

Nous nous assîmes au bord de l'allée, sur la mousse qui tapissait le pied d'un chêne, et Mario parla en ces termes, après s'être un instant recueilli :

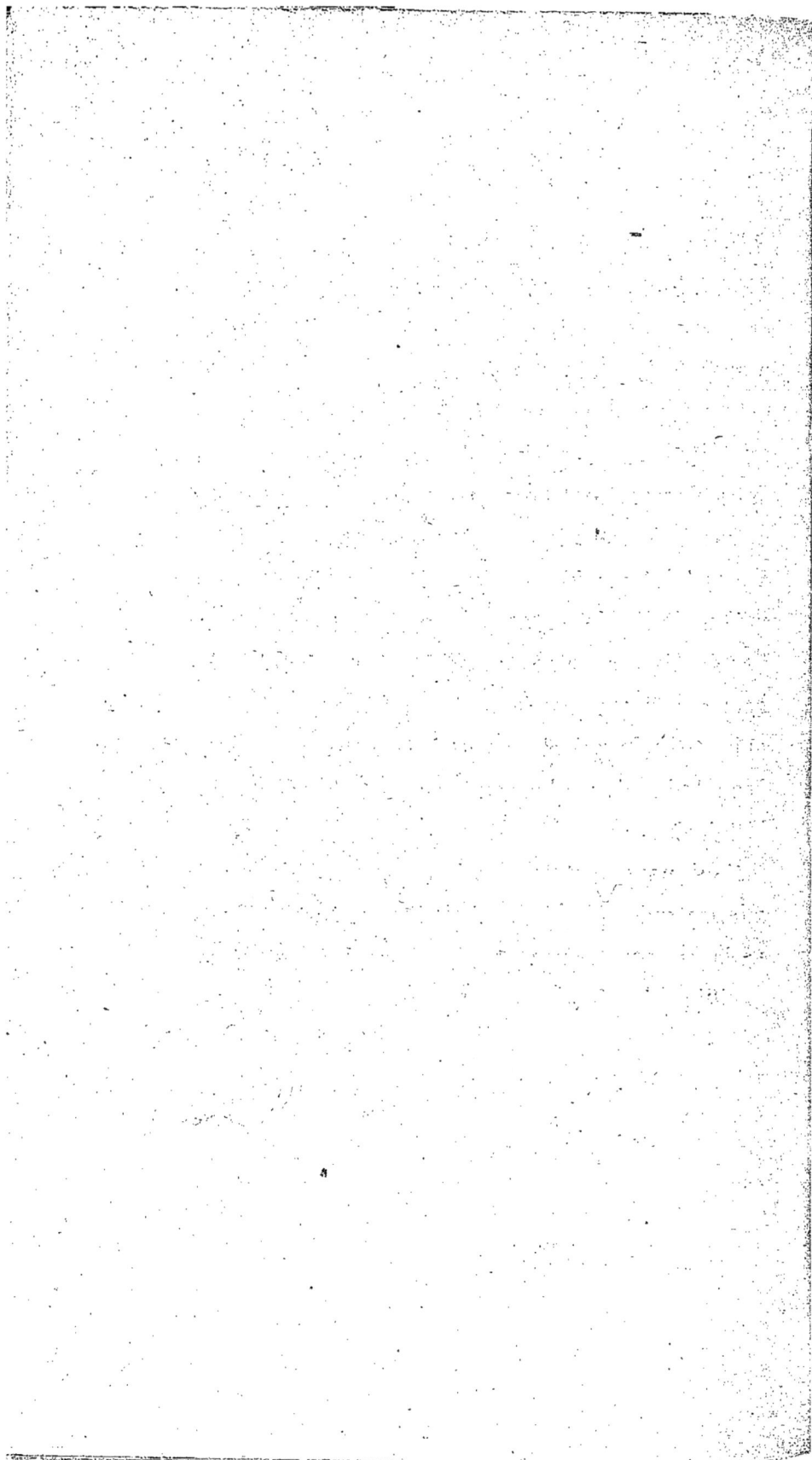

I

Le comte Gaston de Valgrand est mon ami ; aussi vieille que nous, notre amitié n'a pas vieilli d'un jour. Nous sommes nés presque en même temps ; nous avons grandi côte à côte. Nos habitations sont voisines l'une de l'autre ; vous voyez d'ici les tourelles de son château et les ombrages de son parc. Si, comme je l'espère, vous passez quelques jours avec moi, vous le connaîtrez à coup sûr. Si vous l'eussiez connu voilà dix ans, vous sauriez que le bonheur peut se rencontrer ici-bas. Jeune et beau, il avait épousé mademoiselle de C..., qui était elle-même dans tout l'éclat de la beauté et de la jeunesse. Leur union donnait un démenti formel au moraliste qui prétend qu'il n'y a pas de mariages délicieux. Ils vivaient dans leur terre, faisaient du

14.

bien à leurs paysans, et ne paraissaient point se douter qu'il y eût sous le ciel d'autres joies que celles qu'ils goûtaient à l'ombre de leurs bois. On les eût dits créés l'un pour l'autre... C'est là une phrase parfaitement banale, mais qui rend bien la conformité de leurs goûts, l'harmonie de leurs sentiments. On assure que le charme de l'intimité naît de l'opposition des caractères : je n'en crois rien, à moins pourtant que le charme de l'intimité ne consiste à se quereller du matin au soir. Quoiqu'ils fussent toujours du même avis sur toutes choses, ils étaient l'un pour l'autre un monde toujours charmant. Il y avait, cependant, un point assez grave sur lequel ils ne s'entendaient pas, Gaston était, en philosophie, de l'école des indifférents. Comme vous, il niait la Providence et se raillait volontiers des gens qui ont la faiblesse d'y croire. Il estimait que Dieu avait assez fait pour nous en créant l'ordre admirable qui se voit dans l'univers, et qu'en toute occasion l'homme ne doit compter que sur lui seul. Madame de Valgrand était aussi pieuse que belle. Une philosophie, si contraire à ses croyances et à ses instincts, devait l'affliger plus sérieusement

qu'elle n'en convenait elle-même; mais elle espérait
en triompher à la longue ; et, d'ailleurs, les discus-
sions métaphysiques ne tenaient pas une assez large
place dans la vie du jeune ménage pour que la paix
et le bonheur dont il jouissait en fussent troublés
bien profondément. Rien ne manquait à leur félicité : dix-huit mois après leur mariage, un petit
ange leur était né. Je ne vous dirai pas leur ivresse;
il eût fallu les voir, penchés sur le berceau où l'enfant gazouillait déjà.

Un soir d'automne, j'étais assis, près de madame
de Valgrand, sur le perron de leur château. A quelques pas de nous, sur la pelouse, Gaston jouait avec
son fils. Le petit Olivier avait trois ans passés ; c'était
un bel enfant, épanoui comme une fleur, et qui promettait de ressembler trait pour trait à son père.
Cette ressemblance, déjà frappante, exaltait à la fois
chez la jeune comtesse l'amour de la mère et la
tendresse de l'épouse. Souriante et recueillie, elle
contemplait en silence le doux tableau qu'elle avait
sous les yeux. Tout à coup la sérénité de son front
se voila, et je vis une larme qui brillait au bout de
ses cils.

— Vous pleurez ! m'écriai-je en lui prenant la main ; qu'avez-vous ?

— Je suis trop heureuse, dit-elle ; il y a des instants où mon bonheur m'accable et m'effraye. S'il est vrai, comme on nous l'assure, qu'il n'y a pas de félicité durable en ce monde, et que tout se paye ou s'expie, à quelles épreuves suis-je donc réservée ?

J'essayai de la rassurer ; j'énumérai complaisamment tout ce qui devait ranimer sa confiance : son enfant bien portant, son mari presque aussi jeune qu'elle, sa fortune solidement assise.

— Que pouvez-vous redouter ? ajoutai-je ; la foudre n'éclate pas dans un ciel sans nuage.

— Sans doute, je suis folle, répliqua-t-elle d'un air distrait ; mais, que voulez-vous ? c'est plus fort que moi, il y a des instants où j'ai peur.

Elle était ce soir-là, contre son habitude, inquiète, nerveuse, agitée. Elle se leva, courut à son fils, et le baisa coup sur coup, en disant d'une voix fiévreuse :

— Tu n'es pas malade ? tu ne souffres pas ?

L'enfant était vermeil et frais comme un bouquet cueilli dans la rosée de mai. Le temps menaçait ; de

vifs éclairs sillonnaient l'horizon. J'attribuai cet état
de surexcitation à l'influence de l'atmosphère, et ne
m'en alarmai pas autrement. Comme je rappelais à
Gaston que nous avions pour le lendemain une partie de chasse où devaient se trouver plusieurs de
nos amis communs, la jeune femme pâlit et le supplia de n'y point aller. Ce n'était pas la première
fois qu'elle suppliait ainsi. De tout temps les armes
à feu lui avaient inspiré une instinctive horreur; son
mari ne partait jamais pour la chasse sans qu'elle
sentît son cœur se serrer. Elle y mit cette fois une
insistance toute particulière. Nature déliée, organisation délicate, elle frissonnait sous le pressentiment
d'un épouvantable malheur. Après avoir commencé
par rire de ses appréhensions, Gaston céda de bonne
grâce, et, pour la rassurer tout à fait, promit géné-
reusement qu'il ne chasserait plus désormais. Elle
lui sauta au cou, le remercia avec effusion et fut
joyeuse le reste de la soirée.

II

En effet, le lendemain, Gaston manquait au rendez-vous. La chasse fut heureuse et s'acheva sans accident. Il avait été convenu qu'au retour on dînerait chez moi. Au moment de nous mettre à table, nous vîmes paraître Valgrand qui venait dîner avec nous, en compagnie de son petit garçon qu'il tenait par la main. Il était encore dans l'enivrement de la paternité, et se plaisait à le mener partout avec lui. Olivier fut reçu avec tous les honneurs dus à son âge, à sa gentillesse et à sa beauté vraiment merveilleuse. A la grâce, à l'élégance des races aristocratiques, il joignait la force et la spontanéité des enfants sains et vigoureux qui poussent en pleine nature. Ce fut à qui le choierait et lui ferait fête ; on se disputa ses caresses et ses baisers. La jeune comtesse l'avait paré avec cette coquetterie dont le secret n'appartient qu'aux mères. Je vois encore ses cheveux blonds, ses jambes nues, son cou de neige, et ses grands yeux, taillés dans le vif azur d'un ciel de printemps. On l'eût dit détaché d'une vignette anglaise, ou, mieux encore, d'une toile d'Hamon. Il prit place au milieu de nous, et fut la gaieté du festin.

Le repas achevé, nous étions passés sur la terrasse, où nous nous amusions à tirer les martinets qui volaient dans l'air bleu du soir. Olivier, comme un petit brave, battait des mains à chaque coup de feu, et se précipitait aussitôt pour ramasser l'oiseau, qui ne tombait jamais. Honteux de notre maladresse, Gaston, qui jusque-là s'était contenté de nous regarder, vint à moi, et me demanda mon fusil. Je lui rappelai, en riant, la promesse qu'il avait faite la veille à sa femme; il me répondit qu'on lui permettait la chasse aux moineaux.

— Papa va tirer! s'écria le petit, tout fier et tout joyeux; papa va tuer tous les oiseaux!

Il se fit un profond silence. Gaston, l'arme inclinée, un doigt sur la gâchette, observait le vol des hirondelles et guettait le moment propice. Dispersés

çà et là, comme des tirailleurs au repos, nous atten-
dions humblement la leçon qu'il s'apprêtait à nous
donner. A quelques pas de lui, l'enfant se tenait
debout, immobile, pâle d'émotion. Les martinets,
effarouchés, avaient pris le parti de s'éloigner. Enfin
il en vint un, qui, après avoir tracé de gracieux
méandres, plana un instant au-dessus de nos têtes.
Gaston, qui le suivait des yeux, releva brusquement
son arme : le coup partit, Olivier tomba.

Ce qui se passa là, dans l'épouvante de la première heure, je ne puis vous le dire. Ce fut une
scène dont rien ne pourrait vous rendre l'horreur.
L'enfant gisait sur le gazon, la poitrine trouée et
sanglante. Il avait reçu toute la charge de plomb
dans le cœur; la foudre n'eût été ni plus prompte
ni plus terrible. Les cheveux hérissés, les yeux secs
et hagards, le front livide et chargé de sueur, Gaston
se débattait, comme une bête fauve, au milieu de
nos amis qui s'étaient jetés sur lui pour l'empêcher
de se tuer. Ce n'était pas du désespoir, mais de la
fureur, du délire. J'avais moi-même le vertige; je
courais çà et là comme un insensé; je sentais la
folie poindre dans mon cerveau. J'avais pris dans

15

mes bras le corps inanimé du pauvre petit être qui paraissait dormir, la tête penchée sur mon sein; je l'emportai dans ma chambre et le posai doucement sur mon lit, comme si j'avais eu peur de le réveiller. Quand je retournai près de Gaston, il venait de perdre connaissance et de s'affaisser sur lui-même. Nous profitâmes de son évanouissement pour l'arracher de ce lieu de désolation. On le plaça dans la voiture de M. de B...., qui l'emmena chez lui, à quelques lieues de là. J'avais confié à mes amis le soin de veiller sur l'infortuné; une tâche plus rude m'était réservée. Étonnée de ne point voir revenir son fils, la mère pouvait arriver d'un instant à l'autre. J'appelai à mon aide toutes mes forces et toute ma raison; je m'armai de courage et me rendis au château de Valgrand.

J'entrai par la grille du parc. Ce ne fut qu'au bout de l'avenue, en face de cette demeure, recueillie, silencieuse, où tout respirait encore la paix et le bonheur, que je compris bien nettement pourquoi j'étais venu. Je m'arrêtai; mes jambes fléchissaient, je sentais mon cœur qui se mourait dans ma poitrine. La soirée était délicieuse. Un vent doux et frais agitait la cime des arbres. Madame de Valgrand se promenait, calme et sereine, sur le sable fin de l'allée qui courait devant le perron. En passant près d'une fenêtre, elle jeta un coup d'œil sur la pendule du salon, et, s'adressant à un de ses serviteurs :

— Germain, dit-elle, monsieur le comte s'oublie. Il se fait tard, allez chercher l'enfant ; je craindrais qu'il ne prît du mal.

Je souhaitai que la terre s'entr'ouvrît sous mes pieds ou que le ciel s'écroulât sur ma tête. J'eus la pensée de me sauver, de m'enfuir jusqu'au bout du monde. En se retournant, madame de Valgrand m'aperçut et fit vers moi quelques pas en souriant. Elle n'avait point remarqué le bouleversement de mes traits et croyait sans doute qu'Olivier et Gaston me suivaient de près. J'allai droit à elle et lui pris la main. Je me taisais. Elle me regarda, tressaillit et devint blanche comme un linceul.

— Mon mari ?... mon enfant ?... dit-elle.

— Madame, lui dis-je enfin, hier vous aviez raison : tout bonheur se paye ou s'expie. Vous étiez la plus heureuse des femmes... vous en êtes la plus misérable.

Elle répéta :

— Mon mari?... mon enfant?...

— Votre mari est vivant, lui dis-je.

— Mon enfant est mort !

Je ne répondis pas.

Elle jeta un cri, et, saisissant mon bras :

— Ce n'est pas vrai!... Vous me trompez, vous mentez... Ce n'est pas possible ! Il s'est blessé en jouant, voilà tout... mais il n'est pas mort... Vous mentez !...

Je pleurais en silence; je n'y tins plus, j'éclatai en sanglots.

— C'est donc vrai! c'est donc vrai! s'écria-t-elle en se frappant le sein et le visage. Mon enfant est mort! on m'a tué mon enfant!... Allons, ajouta-t-elle résolûment, menez-moi vers lui... Je veux le voir.

C'était là ce que je redoutais. J'essayai de la retenir; mais elle m'entraînait avec une force surnaturelle.

— Je veux voir mon enfant... On ne m'empêchera pas de voir mon enfant! disait-elle d'une voix ardente, éperdue.

— Madame, lui dis-je avec autorité, votre place,
à cette heure, est près de votre mari; c'est près de
lui que vous devez vous rendre d'abord. Quand j'ai
quitté Gaston, il était déjà bien malade. Si vous
manquez de courage, il mourra. Il n'y a que vous
au monde qui puissiez le sauver. Si vous voulez
qu'il vive, hâtez-vous. Vous n'avez pas un instant à
perdre.

Ainsi que je l'avais prévu, elle s'empara avec
avidité de ce nouvel aliment offert à son désespoir.

— Oui, dit-elle, vous avez raison... Mais, mon
Dieu, que s'est-il donc passé?

Et, sans s'inquiéter de savoir comment il se faisait que Gaston ne fût pas auprès de son fils, elle
continuait de m'entraîner vers la grille. Au bout de
quelques pas, elle chancela; je la portai dans ma
voiture que j'avais laissée à la porte du parc. Il était
plus de minuit quand nous arrivâmes au château de
M. de B... Madame de Valgrand ne savait qu'une
partie de la vérité; elle croyait que son fils s'était
tué en tombant du haut de la terrasse. Pendant le
funèbre trajet, j'avais exalté son courage en lui parlant de son mari.

— Vous êtes pieuse, lui disais-je; vous êtes plus
forte que lui. Vous avez Dieu pour vous soutenir;
lui, le malheureux, n'a que vous.

J'avais la conviction que ces deux infortunés ne
pouvaient être sauvés que l'un par l'autre; j'espérais
que leur désespoir s'amortirait dans une pitié réci-
proque, dans un mutuel attendrissement. Je me
trompais. A peine arrivé, je me précipitai vers l'appartement dont les fenêtres brillaient dans l'obscurité de la nuit. Je voulais préparer Gaston à la
présence de sa femme. J'ouvris la porte et j'entrai.
Madame de Valgrand, que j'avais laissée dans la
calèche, m'avait suivi à mon insu; elle entra presque
en même temps que moi. Gaston était assis sur un
divan, l'œil morne, la bouche béante, dans l'attitude
de l'hébétement ou de la folie. Il se dressa brusquement sur ses jambes, regarda sa femme, recula de
deux pas, poussa un cri terrible et tomba roide sur
le parquet. Quelques heures après, au lever du soleil,
la voiture qui nous avait amenés rapportait au château de Valgrand Gaston, étendu sans vie près de
moi, et le corps de l'enfant que la mère, à moitié
folle, berçait sur ses genoux.

III

Est-ce assez d'horreur, mon ami? Et pourtant je n'ai pas tout dit. Gaston se réveilla, mais non pas sa raison. Lorsqu'il revint à lui, il était fou. Folie furieuse que la présence de sa femme exaspérait au lieu de l'apaiser; folie d'autant plus affreuse, qu'elle n'étouffait pas en lui la conscience de la réalité, et que la mémoire survivait au naufrage de l'intelligence! Il croyait qu'après avoir tué son enfant il avait été condamné à mort, qu'il s'était enfui au moment où on le traînait au supplice, et que sa femme ne le cherchait que pour livrer sa tête au bourreau. Assez calme lorsqu'il était seul avec moi, il jetait des cris effrayants aussitôt qu'il l'apercevait. Vainement elle venait à lui, éplorée et suppliante; vainement elle essayait de le rassurer par de douces

paroles : saisi de terreur, il se cachait derrière les
meubles, ou, s'échappant des bras qui s'efforçaient
de le retenir, allait, pâle et tremblant, se blottir
dans les combles du château, d'où j'avais bien
de la peine à l'arracher pour le ramener dans sa
chambre. J'avais cru d'abord à un délire passager;
mais, loin de céder, la fièvre du cerveau redoublait.
Il ne se laissait approcher que par moi; ma figure
était la seule qui n'éveillât point sa défiance. Madame
de Valgrand avait dû se résigner à ne plus paraître
devant lui. La malheureuse avait tout perdu en un
jour; elle avait, du même coup, perdu son mari et
son fils. Supprimez le Dieu des affligés, ôtez à cette
infortunée le Dieu qui relève et console, le Dieu bon
qui compte nos larmes : je vous le demande, que
lui restait-il?

J'ai vu là ce que peuvent la foi et la résignation
chrétiennes. Dans les grandes crises de la vie, la
philosophie n'est d'aucun secours; la religion seule
nous enseigne à souffrir. Qu'est-ce d'ailleurs que la
force et le courage qui ne nous viennent pas du ciel?
Une question de tempérament; le chêne résiste, et
l'arbuste est brisé. Madame de Valgrand se soumit

et pria sur les ruines de son bonheur. Au plus fort
de son désespoir, il ne lui échappa pas une insulte
à la Providence; elle garda toujours l'attitude d'une
sainte, d'une martyre. Elle savait qu'Olivier ne
s'était pas tué en tombant, comme je l'avais raconté.
Elle avait tout compris, tout deviné. Elle enferma
cet horrible secret dans son cœur, et jamais il n'en
fut question entre nous; seulement, au sentiment
d'adorable pitié qu'elle éprouvait pour son mari, au
redoublement de sa tendresse, à la façon tout angélique dont elle s'humiliait, pour ainsi dire, devant
le malheur du pauvre insensé, je voyais bien qu'elle
savait tout. Quand Gaston, broyé par la fatigue, suc-
combait enfin au sommeil, elle se glissait dans sa
chambre, s'agenouillait à son chevet, et, pendant
qu'il dormait, elle lui parlait à voix basse. Elle ré-
pandait ainsi, dans le silence de la nuit, les trésors
d'amour et de douleur dont son âme était pleine. Il
lui semblait qu'en se réveillant, Gaston, rendu à la
raison, allait l'attirer dans ses bras, s'attendrir,
pleurer avec elle. Vain espoir ! La folie le ressaisis-
sait à son réveil, et l'infortunée, forcée de s'éloigner, disparaissait comme une ombre plaintive.

15.

Il s'agissait de prendre un parti. J'avais appelé le
docteur Fouré, de Nantes. Vous le connaissez; vous
n'ignorez pas que les plus aimables qualités de l'esprit et du cœur s'unissent, chez ce doux vieillard, à
la science la plus éprouvée. Il ne s'entend pas seulement à guérir les maladies du corps; il est aussi
le médecin des âmes, et j'en sais plus d'une qui lui
doit la santé. Madame de Valgrand avait en lui une
confiance absolue; à coup sûr il en était digne.
Après quelques jours d'examen et de réflexions, il
me prit à part et me dit:

— Je ne crois pas que le cerveau de ce malheureux jeune homme se relève jamais du coup qu'il a
reçu. Il faudrait un miracle; la science n'en fait
pas. La folie qui s'appuie sur la raison est presque
toujours incurable. C'est comme l'erreur qui dé-
coule d'une vérité; la conclusion a beau être ab-
surde, si les prémisses sont justes, elles la protègent
et lui font comme un rempart inexpugnable. Cependant, nous devons tout tenter en vue d'une guérison,
même impossible. M. de Valgrand ne peut pas rester ici. La présence de sa femme, la vue des lieux
longtemps témoins de son bonheur entretiennent

son exaltation, l'irritent et l'exaspèrent. Qu'il parte, qu'il s'éloigne. Dès qu'il se sentira à l'abri des poursuites qu'il croit avoir à redouter, son délire se calmera. Je réponds qu'une fois hors de France, sa folie, aujourd'hui furieuse, prendra un caractère tout pacifique, à la condition pourtant qu'on ne le contrariera pas. Pour le reste, laissons faire au temps, c'est le remède que nous conseillons, lorsque nous n'en avons pas d'autres.

Tel était l'avis du docteur ; c'était aussi le mien. Je le soumis à madame de Valgrand, qui ne chercha pas à le combattre.

— Mais, dit-elle en pleurant, puisque c'est moi qu'il fuit, je ne puis pas partir avec lui... Qui donc l'accompagnera ?

— Moi, madame, lui répondis-je.

Le lendemain, par une nuit sans lune et sans étoiles, une chaise de poste attendait à la porte du parc. J'entraînai Gaston ; je l'avais sans peine décidé à me suivre. J'étais censé avoir pris toutes les mesures qu'indiquait la prudence pour assurer son évasion. La nuit était sombre ; ses serviteurs dormaient ; sa femme ne se doutait de rien. Nous sortîmes à pas de loup. Arrivé à la grille, il se jeta dans la voiture. J'allais y monter à mon tour, quand je reconnus dans l'ombre madame de Valgrand. Elle saisit ma main, et, malgré moi, la porta à sa bouche. Un instant après, les chevaux partaient au galop.

IV

Quel voyage, mon ami! Tâchez de vous en faire
une idée. Nous avions pris la route d'Italie. Ainsi
que l'avait prédit le docteur, dès que nous eûmes
passé la frontière, la folie de Gaston était devenue
plus douce et plus traitable. Il n'y avait, à vrai dire,
qu'un point de son cerveau qui fût attaqué; tout le
reste était net et sain. Il parlait sur toutes choses
avec son bon sens ordinaire; mais il suffisait de prononcer le nom de sa femme pour détraquer aussitôt
sa raison. Nous allions de ville en ville, moi, essayant
de le distraire, lui, traînant partout la désolation de
son âme; car, si parfois sa démence semblait s'endormir, sa mémoire, plus implacable, ne lui laissait
ni trêve ni répit. Ainsi, de quelque côté qu'il se
tournât, le malheureux ne réussissait qu'à changer

de tortures. Cependant, je tenais religieusement la promesse que j'avais faite, en partant, à la comtesse et au docteur. Je leur écrivais, je les mettais au courant de tout. De leur côté, ils me répondaient assidûment. Deux mois après notre départ, je reçus, à Gênes, une lettre de madame de Valgrand. Le croirez-vous? cette lettre se terminait par un cri d'espérance. Ce fut pour moi ce qu'est, pour le naufragé près de sombrer, la voile inespérée qu'il voit blanchir à l'horizon. Le docteur avait ajouté quelques lignes, qui confirmaient l'heureuse nouvelle et m'enjoignaient de la cacher avec soin à Gaston. Quelques mois plus tard, je recevais, à Florence, deux lettres par le même courrier, l'une de la comtesse et l'autre du docteur. La première était un hymne de pieuse reconnaissance; je la lus à genoux et je la mouillai de mes pleurs. La seconde renfermait mes instructions pour l'avenir.

— Rien n'est désespéré, tout peut se réparer, ajoutait le vieillard après m'avoir montré le but vers lequel nous allions marcher; seulement, n'oubliez pas que M. de Valgrand doit tout ignorer, et que le succès de la campagne dépend de votre discrétion.

Des mois, des années s'étaient écoulés sans
apporter aucun changement dans l'état de notre
pauvre ami. Nous avions parcouru presque toute
l'Europe, nous avions visité l'Orient; sa folie l'avait
suivi partout. Jusqu'au pied du mont Olympe,
jusque sur les bords de la mer Morte, partout il
avait vu des agents secrets de sa femme. A peine
avions-nous planté notre tente, qu'il fallait la lever
aussitôt.

— Mais, lui demandais-je parfois, comment
t'expliques-tu que ta femme, une créature si douce,
si tendre, si dévouée, veuille ta mort, et te pour-
suive avec un tel acharnement?

— Comment je me l'explique! s'écriait-il; mais
tu es donc fou, Mario! Une mère pardonne-t-elle
au meurtrier de son fils? Est-ce que je n'ai pas tué
son enfant?

Et c'étaient alors des colères et des emportements sans nom, des révoltes inouïes contre Dieu,
d'incroyables blasphèmes contre la Providence,
pendant qu'elle agissait pour lui.

Je mentirais, je me ferais meilleur que je ne suis,
si je vous disais, mon ami, que je ne me sentis

jamais défaillir sous le poids de la tâche que j'avais
acceptée ; plus d'une fois je pensai en être écrasé.
Le dévouement qui consistait à soigner les lépreux
paraît doux et facile lorsqu'on a vécu dans l'intimité
d'un fou. Il y avait des instants où je m'interrogeais
avec anxiété, où je me demandais si je n'étais pas
fou moi-même, ainsi que l'affirmait Gaston. Aujourd'hui même, je ne suis pas bien sûr que la folie
ne soit pas à la longue une maladie contagieuse.

Les lettres qui m'arrivaient de la patrie soute-
naient mes forces, relevaient mon courage. Celles
du bon docteur respiraient la confiance. Quoique
toujours voilées par la douleur, celles de la jeune
comtesse étaient comme ces ciels d'orage où le
soleil brille à travers les nuées : le sourire s'y mêlait
aux larmes, et de naïfs enchantements éclataient
çà et là sous la tristesse des regrets. Trois ans
s'étaient écoulés depuis notre départ ; encore un an,
et nous touchions à l'épreuve suprême : encore un
an, et peut-être Gaston était sauvé !

Moins agitée que celles qui l'avait précédée,
cette dernière année ne devait pas être moins rude.
Nous avions fini par nous installer dans un petit

village d'Allemagne. Depuis quelque temps, Gaston
était tombé dans un état de prostration moins
gênant, mais plus alarmant que les fureurs de la
démence. Il restait des jours, des semaines entières
sans prononcer une parole. Si j'essayais de le tirer
de la torpeur où je le voyais enseveli, il me regardait d'un œil éteint et me souriait d'un air hébété.
A tout ce que je lui disais, il répondait invariable-
ment : Olivier est mort, c'est moi qui l'ai tué ! Le
nom de sa femme le faisait encore tressaillir ; mais,
la folie n'agissant plus que sur des facultés épuisées,
il retombait presque aussitôt dans sa morne immobilité. Indifférent à toutes choses, il ignorait et ne
s'inquiétait pas de savoir où je l'avais conduit : tous
les lieux lui étaient bons, pourvu qu'il ne fût pas en
France. Justement effrayé, j'avais écrit au docteur
pour le supplier d'abréger un si long martyre ; le
docteur impitoyable m'avait répondu : Attendez.

V

Enfin le grand jour était proche, il y avait quatre
ans que nous avions quitté la France. Un soir, j'an-
nonçai brusquement à Gaston que nous allions
partir.

— Pourquoi partir? dit-il; nous sommes bien ici,
restons-y.

— Il n'y a pas à hésiter, répliquai-je. Notre retraite est découverte encore une fois; j'ai vu rôder
dans le village des hommes à mine suspecte. Il y va
de ton salut.

Chose étrange! ce malheureux tenait à la vie.
Dieu laisse à la folie même l'instinct de la conservation. Il se leva et me suivit.

— Où allons-nous? demanda-t-il, quand nous
fûmes dans la voiture.

— En Russie, répondis-je sans hésiter.

Il poussa un profond soupir, appuya sa tête contre les coussins, et s'abîma dans l'espèce de léthargie d'où je l'avais un instant arraché.

La chaise de poste qui nous emportait au galop des chevaux, roula, sans s'arrêter, pendant trois nuits et trois jours. J'avais placé des vivres dans le coffre, afin de n'avoir pas à descendre dans les auberges. Nous allions comme un ouragan. Tant que dura le trajet, Gaston ne m'adressa pas une question; il ne jeta pas un regard sur les paysages que nous traversions. Une seule fois il ouvrit la bouche pour me dire, en grelottant :

— Il fait froid ici... nous arrivons.

Et il s'enveloppa dans son manteau.

Vers le milieu de la quatrième nuit, par un temps sombre, la voiture s'arrêta devant une habitation où l'on n'apercevait pas une seule lumière. J'invitai Gaston à descendre et le conduisis à tâtons. Comme j'ouvrais la porte d'une chambre obscure :

— Où sommes-nous? me dit-il.

— Dans un village, près de Moscou.

Et comme il s'étonnait des ténèbres où toute la

maison était plongée, je lui répondis qu'on nous
avait peut-être suivis, et que je craignais d'éveiller
les soupçons. Satisfait de ma réponse, brisé par la
fatigue, il se coucha sans lumière et s'endormit d'un
profond sommeil.

V

Il faisait jour depuis longtemps, lorsque Gaston se réveilla. Un gai soleil d'automne entrait à pleins rayons dans sa chambre. La brise, imprégnée de la senteur des bois, se glissait par la fenêtre entr'ouverte, et apportait jusqu'à lui des émanations embaumées qui le pénétraient à son insu, et dont il subissait, sans chercher à s'en rendre compte, la douce et mystérieuse influence. Éblouis par le vif éclat de la lumière, ses yeux s'étaient refermés presque aussitôt; il resta quelques instants plongé dans cet état qui n'est ni la veille ni le sommeil, bercé par les mille rumeurs qu'il entendait jadis à son réveil. C'était le chant des pâtres, le roucoulement des ramiers, le fracas lointain des écluses, le caquetage du moulin, et, plus rapprochés, de joyeux

cris d'enfant qui partaient, comme des fusées, dans
l'air sonore et frais du matin. Ces bruits, ces mélodies agrestes le reportaient vaguement aux jours
heureux de sa jeunesse. Il murmura d'une voix
étouffée le nom de son fils et celui de sa femme;
une larme gonfla sa paupière et mouilla ses cils
abaissés. Cependant les pensées orageuses, un moment assoupies, commençaient à gronder dans son
sein. Il s'accouda brusquement sur sa couche, et
promena autour de lui un regard étonné. Il était
chez lui, sous le toit de ses pères, sous ce toit qui
avait si longtemps abrité son bonheur. Il reconnais-
sait un à un tous les objets qui l'entouraient, ses
livres, ses tableaux, ses meubles, ses tentures, et
tous les riens charmants qui donnent la vie aux lieux
que nous habitons. Il passa sa main sur son front,
comme un homme qui se demande s'il n'est pas le
jouet d'une illusion ou la dupe d'un songe. En
tournant la tête, il aperçut, debout au chevet, sa
femme et le docteur qui l'observaient tous deux en
souriant.

— Eh bien, mon cher comte, dit gaiement le
vieillard, il me semble que nous n'allons pas mal

ce matin. Nous voila tiré d'affaire ; mais nous l'avons échappé belle. Nous pouvons nous vanter, comme Thésée, d'avoir vu les sombres bords.

— Ah ! s'écria madame de Valgrand, c'est vous, docteur, qui l'avez sauvé !

— Moi, madame !... Monsieur le comte s'est, pardieu ! bien sauvé lui-même. Il n'a pas voulu se laisser mourir comme un sot, et, quand je pense à toutes les bonnes raisons qu'il a d'aimer la vie, j'estime que monsieur le comte a bien fait.

— Cher Gaston ! s'écria madame de Valgrand avec l'accent d'une tendresse passionnée... Savez-vous, mon ami, que vous nous avez inquiétés ? Savez-vous que dans votre délire vous ne reconnaissiez plus votre femme ?... Tu me reconnais bien, n'est-ce pas, maintenant ? Je ne te fais plus peur ? C'est moi, moi qui t'aime, moi qui ressuscite avec toi !

— Voyons un peu ce que dit ce pouls, ajouta le docteur en prenant la main de Gaston.

— Eh bien, docteur ? demanda la jeune comtesse.

— Eh bien, madame, ce pouls ne craint pas d'affirmer qu'avant huit jours monsieur le comte sera

16

sur pied, et qu'en attendant il prendrait volontiers
un bouillon offert par votre blanche main.

En ce moment, Germain entra. Il s'approcha du
lit de son maître et s'informa de sa santé, absolu-
ment comme s'il l'eût vu la veille. Gaston regardait
tour à tour sa femme et le docteur. Il croyait rêver.
Tout à coup il tressaillit et se dressa sur son séant....
Il avait entendu une voix enfantine qui gazouillait
sous sa fenêtre. Madame de Valgrand alla vers la
croisée, souleva le rideau, et prononça ces simples
paroles :

— Olivier, viens donc dire bonjour à ton père.

La porte s'ouvrit, un beau petit garçon entra
vivement dans la chambre. Il sauta sur le lit, jeta
ses bras blancs autour du cou de Gaston, et lui dit :

— Bonjour, papa...

C'était lui, c'était Olivier. L'œil même d'une
mère aurait pu s'y tromper. C'était Olivier, tel que
nous l'avions vu le jour fatal où son père l'avait
amené chez moi. C'étaient les mêmes yeux, bleus
et limpides, la même bouche, fraîche et souriante,
les mêmes cheveux, blonds et fins. Il avait, près du
sourcil droit, le même signe brun, et, à la naissance

du nez, sous la transparence de la peau, la même veine azurée, pareille à la moitié d'un anneau de lapis. Immobile, éperdu, sans voix, Gaston le dévorait des yeux et promenait sur lui des mains avides et tremblantes. Enfin, par un mouvement brusque, il déchira plutôt qu'il n'ouvrit la blouse de l'enfant, et, en voyant blanche et unie comme une feuille d'ivoire cette poitrine sur laquelle il cherchait vainement la trace du coup qu'il avait cru mortel, frappé de stupeur, trop faible pour des émotions si violentes, il tomba évanoui, avec le petit dans ses bras.

VII

Lorsqu'il reprit ses sens, madame de Valgrand et le docteur étaient assis à son chevet; Olivier jouait sur le pied du lit.

— O mes amis, dit-il enfin, que s'est-il passé? que se passe-t-il?

— Ce qui s'est passé, mon cher comte? répondit le vieux docteur. Vous avez été très-malade. Vous avez eu ce que nous autres, gens de la Faculté, nous appelons une méningite, ni plus ni moins, mon cher enfant. Ce qui se passe? vous le voyez. Avec la santé vous avez retrouvé la raison, et avec la raison le bonheur. Ce n'était pas plus difficile que cela.

— Papa est guéri, papa n'est plus malade... je suis bien content, moi! dit Olivier, qui feuilletait un livre d'images que Gaston se souvenait d'avoir un jour rapporté de Nantes à son fils.

16.

— Une méningite !... murmura Gaston, comme se parlant à lui-même... Mais, docteur, j'ai donc été fou ? ajouta-t-il en attachant sur le vieillard un regard inquiet.

— Dame ! mon cher comte, entre nous, vous n'aviez pas la tête en fort bon état. Vous avez, pendant six semaines, passablement battu la campagne, sans quitter votre lit, vous avez fait beaucoup de chemin, en compagnie de votre ami Mario.

— Six semaines ! s'écria Gaston. Il me semble que des siècles se sont écoulés depuis le jour...

— Depuis le jour où vous êtes tombé malade, dit la jeune femme achevant la phrase qu'il avait commencée. Oh ! mon ami, ces six semaines ont été, pour nous aussi, des siècles d'angoisses et de douleurs.

— Six semaines ! répétait Gaston.

— Un mois et demi de fièvre et de délire... monsieur le comte ne se tient pas pour satisfait ! s'écria le docteur en riant,

— Mais comment tout cela est-il donc arrivé ? demanda Gaston avec une curiosité hésitante.

— Je vais vous le rappeler, mon ami, dit la

jeune comtesse en travaillant à un ouvrage de
tapisserie interrompu depuis quatre ans et commencé sous les yeux de Gaston. Vous étiez allé avec
Olivier dîner chez notre cher voisin. Le temps
était à l'orage depuis plusieurs jours; votre tête
souffrait déjà. Après le repas, qui, dit-on, avait
été fort gai...

— Beaucoup trop gai, dit le docteur en manière
de réflexion.

— Vous étiez passé sur la terrasse, et là, vos
amis s'amusaient, amusement cruel, à tirer les
oiseaux du bon Dieu. Mario assure que déjà vous
aviez la figure en feu.

— Monsieur le comte, ajouta le docteur, avait bu,
au dessert, trop de vin de Vouvray.

— Malgré la promesse que vous m'aviez faite la
veille, vous prîtes un fusil... le fusil de Mario...

— Oui, oui, c'est bien cela! s'écria Gaston qui
sentait se réveiller en même temps et sa raison et
sa folie... J'avais pris le fusil de Mario... Olivier
était à vingt pas de moi... Je relevai brusquement
mon arme... Le coup partit...

— Et monsieur le comte tomba, dit tranquille-

ment le docteur; monsieur le comte tomba fou-
droyé. Voilà ce que c'est que de boire trop de vin
de Vouvray au dessert...

— Et de désobéir à sa femme, ajouta madame de
Valgrand; mon ami, Dieu vous a puni.

— Et alors, que se passa-t-il? demanda le jeune
homme en essuyant la sueur qui perlait sur son
front.

— Ce qui devait se passer, répondit le vieillard.
On vous rapporta chez vous sur un brancard. Vous
jugez quelle agréable surprise pour cette bonne
petite comtesse qui vous avait vu partir dispos et
bien portant! Deux heures après, j'étais assis, comme
à présent, à votre chevet. Pour parler franc, je vous
croyais perdu. Vous ne savez donc pas, mon jeune
ami, ce que c'est que le vin de Vouvray? C'est de
la méningite en bouteille. Le lendemain, vous aviez
une fièvre ardente, et le plus joli délire qui ait
jamais fait extravaguer la cervelle d'un galant
homme. Comme vous y alliez, vertu Dieu! Quelle
imagination! Quel galop effréné dans les champs de
la fantaisie! Vous souvient-il des beaux rêves dont
vous nous avez régalés?

— Oh! des rêves affreux, docteur! s'écria Gaston
en cachant son visage entre ses mains.

— Oui, mon enfant, dit le docteur, oui, des
rêves épouvantables... Mais regardez un peu ce
gaillard-là, ajouta-t-il en montrant Olivier : a-t-il
l'air d'avoir reçu une charge de plomb dans la
poitrine? Et cette bonne et charmante femme, vous
fait-elle l'effet de vouloir vous livrer au bourreau?

La figure de Gaston s'était éclairée comme par
enchantement. Les fantômes, qui l'obsédaient depuis
quatre ans, venaient de s'évanouir, emportant avec
eux le spectre sanglant de la réalité. Il ouvrit ses
bras à sa femme, à son fils, et, les réunissant tous
deux dans une même étreinte, il les inonda de
baisers.

J'arrivai sur ces entrefaites. Je venais d'abattre
le buisson de barbe que j'avais laissé pousser pendant le voyage, et qui, la veille encore, me donnait
l'aspect d'un bandit italien. Quelques coups de
rasoir m'avaient rajeuni de quatre ans. J'étais vêtu
comme le jour où Gaston avait dîné chez moi. Il
eut, en me voyant, un moment de trouble et d'hésitation. Je n'eus pas l'air de m'en apercevoir; je le

félicitai de sa guérison, et plaisantai de mon mieux
sur les voyages que nous avions faits ensemble, à
si peu de frais.

— Décidément, ajoutai-je, je te croyais la tête
plus forte. Quand tu viendras dîner chez moi, je
jure bien que tu ne boiras que de l'eau.

Cela dit, j'embrassai Olivier, que j'avais caressé
dans la matinée, et qui me traitait déjà comme une
vieille connaissance.

— Tu connais ce monsieur? lui demanda Gaston.

— C'est le bon ami à papa, répondit sans hésiter
le cher petit être, qui n'avait pas oublié sa leçon.
C'est ainsi qu'Olivier m'appelait autrefois. La
mère, que la question adressée à l'enfant avait fait
frissonner, retint à peine un mouvement de joie qui
pouvait la trahir : elle courut à lui et le baisa.

— Allons, allons, dit le docteur, assez d'émotions
en un jour! monsieur le comte a besoin de repos.
Faites-moi l'amitié de déguerpir et de laisser mon
malade en paix.

A ces mots, il nous entraîna.

— Sauvé! il est sauvé!

Et nous nous embrassions en pleurant.

— Maman, demanda le petit, qui tirait madame de Valgrand par sa robe, ai-je dit comme il fallait dire?

— Oui, cher trésor perdu et retrouvé, oui, cher ange envolé que m'a rendu le ciel! s'écria la comtesse en l'enlevant entre ses bras.

FIN

8 avril 83

TABLE

—

Typographie Ernest Meyer, 22, rue de Verneuil, à Paris.

CATALOGUE

DE

MICHEL LÉVY

FRÈRES

LIBRAIRES-ÉDITEURS

ET DE

LA LIBRAIRIE NOUVELLE

PREMIÈRE PARTIE

Nouveaux ouvrages en vente. — Ouvrages divers, format in-8°
Bibliothèque contemporaine, format grand in-18. — Bibliothèque nouvelle.
Œuvres complètes de Balzac. — Collection Michel Lévy, format gr. in-18
Bibliothèque des Voyageurs, in-32. — Collection Hetzel et Lévy, in-32
Ouvrages illustrés. — Musée littéraire contemporain, in-4°
Brochures diverses. — Ouvrages divers

RUE VIVIENNE, 2 BIS
ET BOULEVARD DES ITALIENS, 15
AU COIN DE LA RUE DE GRAMMONT
PARIS
—
NOVEMBRE — 1862

NOUVEAUX OUVRAGES EN VENTE

Format in-8°

F. GUIZOT   fr. c.

MÉMOIRES POUR SERVIR A L'HISTOIRE DE MON TEMPS, tome V. — 1 vol. 7 50

WILLIAM PITT ET SON TEMPS, par *lord Stanhope*, traduit de l'anglais, avec une Introduction. — 2 vol. . 12 »

J. B. BIOT
de l'Institut

ÉTUDES SUR L'ASTRONOMIE INDIENNE ET SUR L'ASTRONOMIE CHINOISE. — 1 vol. avec 2 cartes 7 50

LE Cte A. DE GASPARIN

L'AMÉRIQUE DEVANT L'EUROPE, Principes et Intérêts. — 1 vol. . . . . 6 »

J. AUTRAN

LE POÈME DES BEAUX JOURS. — 1 vol. 5 »

EDGAR QUINET

HISTOIRE DE LA CAMPAGNE DE 1815. — 1 vol. avec une carte. 7 50

PRÉVOST-PARADOL

NOUVEAUX ESSAIS DE POLITIQUE ET DE LITTÉRATURE. — 1 vol. 7 50

DUVERGIER DE HAURANNE

HISTOIRE DU GOUVERNEMENT PARLEMENTAIRE EN FRANCE (1814-1848). — Tome V. 1 vol. 7 50

CHARLES LAMBERT

LE SYSTÈME DU MONDE MORAL. — 1 vol. 7 50

J. SALVADOR

HISTOIRE DES INSTITUTIONS DE MOÏSE ET DU PEUPLE HÉBREU. — 3e *édit.*, *revue et augmentée d'une introduction.* — 2 vol. . . . . 15 »

L'AUTEUR
des Souvenirs de Mme Récamier.

COPPET ET WEIMAR. — MADAME DE STAEL ET LA GRANDE DUCHESSE LOUISE. — Récits et Correspondances. — 1 vol. 7 50

LOUIS REYBAUD

ÉCONOMISTES MODERNES : Cobden. — Bastiat. — Michel Chevalier — John Stuart Mill. — Léon Faucher. — Rossi. — 1 vol. 7 50

J. J. AMPÈRE
de l'Institut

L'HISTOIRE ROMAINE A ROME. — 2 vol. avec des plans topographiques de Rome à diverses époques. . . . . 15 »

MORTIMER-TERNAUX

HISTOIRE DE LA TERREUR, 1792-1794; d'après des documents authentiques et inédits. Tomes I et II. — 1 vol. 12 »

LOUIS DE VIEL-CASTEL

HISTOIRE DE LA RESTAURATION. — Tome V. — 1 vol . . . . . 6 »

Format gr. in-18 à 2 fr. le vol.

AUGUSTE MAQUET   vol.

LES VERTES-FEUILLES 1

St-RENÉ TAILLANDIER

LA COMTESSE D'ALBANY. 1

JULES GÉRARD
le Tueur de lions

VOYAGES ET CHASSES DANS L'HIMALAYA. 1

EL. DUFOUR

LES GRIMPEURS DES ALPES. — Peaks, Passes and glaciers. — Traduction. 1

MAX VALREY

CES PAUVRES FEMMES ! 1

CH. MAGNIN

HISTOIRE DES MARIONNETTES EN EUROPE DEPUIS L'ANTIQUITÉ JUSQU'A NOS JOURS. 2e *éd.*, *revue et corrigée.* 1

A. DE PONTMARTIN

LES JEUDIS DE Mme CHARBONNEAU. — 2e *édition.* 1

CHARLES HUGO

UNE FAMILLE TRAGIQUE. 1

ALFRED ASSOLLANT

D'HEURE EN HEURE 1

PRÉVOST-PARADOL

QUELQUES PAGES D'HISTOIRE CONTEMPORAINES. — Lettres politiques. . . . 1

UN INCONNU

MONSIEUR X ET MADAME ***. 1

ROGER DE BEAUVOIR

LES MEILLEURS FRUITS DE MON PANIER. 1

CHARLES EDMOND

SOUVENIRS D'UN DÉPAYSÉ. 1

H. BLAZE DE BURY

LE CHEVALIER DE CHAZOT, Mémoires du temps de Frédéric-le-Grand. . . 1

BIBLIOTHÈQUE NOUVELLE

Format gr. in-18, à 2 fr. le vol.

JULES NORIAC

LE 101e RÉGIMENT. — *Nouv. édition.* 1

LA BÊTISE HUMAINE. — *Nouv. édition* 1

VICTORIEN SARDOU

LA PERLE NOIRE, roman 1

MAXIME DUCAMP

L'HOMME AU BRACELET D'OR. 1

LE CHEVALIER DU CŒUR SAIGNANT. . . 1

AUGUSTE MAQUET   vol.

DETTES DE CŒUR. — *Nouv. édition.* 1

ROGER DE BEAUVOIR

LES ŒUFS DE PAQUES. 1

AMÉDÉE ACHARD

BELLE-ROSE. — *Nouvelle édition.* . . 1

NELLY. 1

OUVRAGES DIVERS
Format in-8

J. J. AMPÈRE
de l'Académie française

	fr. c.
CÉSAR, scènes historiques. 1 vol.	7 50

L'HISTOIRE ROMAINE A ROME, avec des plans topographiques de Rome à diverses époques. — 2 vol. . . 15 »

PROMENADE EN AMÉRIQUE. — Etats-Unis. — Cuba. — Mexique. — 3e *édition*. — 2 vol. . . . . . . 12 »

***

MADAME LA DUCHESSE D'ORLÉANS, HÉLÈNE DE MECKLEMBOURG-SCHWERIN. 6e *édition*. 1 vol . . . 6 »

***

ALESIA, Étude sur la septième campagne de César en Gaule. Avec deux cartes (Alise et Alaise). — 1 vol. . . . . 6 »

***

LES TRAITÉS DE 1815. — 1 vol. . . . 2 »

J. AUTRAN
LE POÈME DES BEAUX JOURS. — 1 vol. 5 »

J. BARTHÉLEMY SAINT-HILAIRE
LETTRES SUR L'ÉGYPTE. 1 vol. 7 50

L. BAUDENS
Inspecteur, membre du Conseil de santé des armées de terre et de mer.
LA GUERRE DE CRIMÉE. — Les campements, les abris, les ambulances, les hôpitaux, etc. — 1 vol. . . . . 6 »

IS. BÉDARRIDE
LES JUIFS EN FRANCE, EN ITALIE ET EN ESPAGNE, recherches sur leur état depuis leur dispersion jusqu'à nos jours, sous le rapport de la législation, de la littérature et du commerce. — 2e *édition, revue et corrigée*. — 1 vol. 7 50

LA PRINCESSE DE BELGIOJOSO
ASIE MINEURE ET SYRIE. Souvenirs de Voyages. 1 vol. 7 50

HISTOIRE DE LA MAISON DE SAVOIE. 1 vol. 7 50

J.-B. BIOT
Membre de l'Académie des Sciences et de l'Académie française
ÉTUDES SUR L'ASTRONOMIE INDIENNE ET SUR L'ASTRONOMIE CHINOISE. 1 v. 7 50

MÉLANGES SCIENTIFIQUES ET LITTÉRAIRES. — 3 vol 22 50

LE PRINCE A. DE BROGLIE
de l'Académie française
QUESTIONS DE RELIGION ET D'HISTOIRE. — 2 vol. . . . . 15 »

CAMOIN DE VENCE
MAGISTRATURE FRANÇAISE, son action et son influence sur l'état de la Société aux diverses époques. 1 vol. 6 »

AUGUSTE CARLIER
	fr. c.
DE L'ESCLAVAGE dans ses rapports avec l'Union américaine. — 1 vol.	6 »

J. COHEN.
LES DÉÏCIDES. — Examen de la divinité de J.-C. et de l'église chrét. au point de vue du judaïsme. 1 vol. 5 »

J. J. COULMANN
RÉMINISCENCES. Tome I. . . . . 5 »

VICTOR COUSIN
de l'Académie française
PHILOSOPHIE DE KANT. — 1 vol. . . 5 »
PHILOSOPHIE ÉCOSSAISE. — 1 vol . . 5 »
PHILOSOPHIE SENSUALISTE. — 1 vol. 5 »

J. CRÉTINEAU-JOLY
LE PAPE CLÉMENT XIV, seconde et dernière lettre au père Theiner. — 1 v. 3 »

A. BEN-BARUCH CRÉHANGE
LES PSAUMES, traduct. nouv. 1 vol. 10 »

LE GÉNÉRAL E. DAUMAS
LE GRAND DÉSERT : Itinéraire d'une Caravane du Sahara au pays des Nègres (royaume de Haoussa), suivi d'un Vocabulaire d'histoire naturelle et du code de l'esclavage chez les musulmans, avec une carte coloriée. *Nouvelle édition*. 1 vol. 6 »

Mme DU DEFFAND
CORRESPONDANCE INÉDITE AVEC LA DUCHESSE DE CHOISEUL ET L'ABBÉ BARTHÉLEMY, précédée d'une introduction par *M. de Sainte-Aulaire*. — 2 vol. . . . . 15 »

CH. DESMAZE
LE PARLEMENT DE PARIS. 1 vol. . . 5 »

CAMILLE DOUCET
COMÉDIES EN VERS. — 2 vol. . . . 12 »

DUVERGIER DE HAURANNE
HISTOIRE DU GOUVERNEMENT PARLEMENTAIRE EN FRANCE (1814-1848), précédée d'une introduction. 5 vol. 37 50
TOME VI (*Sous presse*). 1 vol. . . . 7 50

LE BARON ERNOUF
HISTOIRE DE LA DERNIÈRE CAPITULATION DE PARIS. — Evénements de 1815. — Rédigée sur des documents entièrement inédits. 1 vol. 6 »

LE PRINCE EUGÈNE
MÉMOIRES ET CORRESPONDANCE POLITIQUE ET MILITAIRE, publiés, annotés et mis en ordre par *A. Du Casse*. 10 vol. . . . . 60 »

XAVIER EYMA
LA RÉPUBLIQUE AMÉRICAINE. Ses Institutions. — Ses Hommes. — 2 vol. 12 »
LES TRENTE-QUATRE ÉTOILES DE L'UNION AMÉRICAINE. — Histoire des états et des territoires. — 2 vol. 12 »

J. FERRARI
HISTOIRE DE LA RAISON D'ÉTAT. 1 v. 7 50

GUSTAVE FLAUBERT
SALAMMBÔ (*sous presse*). — 1 vol. 6 »

LE COMTE DE FORBIN fr. c.
CHARLES BARIMORE.—*Nouvelle édition.* — 1 vol. . . . . 3 »

AD. FRANCK
Membre de l'Institut.
ÉTUDES ORIENTALES. — 1 vol. 7 50

LE Cte AGÉNOR DE GASPARIN
Ancien Député
L'AMÉRIQUE DEVANT L'EUROPE, principes et intérêts.—1 vol. . . . . . 6 »
UN GRAND PEUPLE QUI SE RELÈVE, LES ÉTATS-UNIS EN 1861. — 1 vol. 5 »

ERNEST GERVAIS
LES CROISADES DE SAINT-LOUIS. 1 vol. 6 »
CONTES ET POÈMES — 1 vol. . . . . 5 »

ÉMILE DE GIRARDIN
QUESTIONS DE MON TEMPS.—12 vol. 72 »

ÉDOUARD GOURDON
HISTOIRE DU CONGRÈS DE PARIS. 1 vol. 5 »

ERNEST GRANDIDIER
VOYAGE DANS L'AMÉRIQUE DU SUD. — Pérou et Bolivie. — 1 vol. . . . . 5 »

F. GUIZOT
LA CHINE ET LE JAPON : mission du comte d'Elgin pendant les années 1857, 1858 et 1859 ; racontée par *Laurence Oliphant.* Traduction nouvelle, précédée d'une introduction. — 2 vol. . . . . 12 »
L'ÉGLISE ET LA SOCIÉTÉ CHRÉTIENNES EN 1861. — 3e *édition.*—1 vol. . 5 »
HISTOIRE DE LA FONDATION DE LA RÉPUBLIQUE DES PROVINCES-UNIES, par *J. Lothrop Motley,* trad. nouvelle, précédée d'une grande introduction (l'Espagne et les Pays-Bas aux XVIe et XIXe siècles).—4 vol. 24 »
HISTOIRE PARLEMENTAIRE DE FRANCE, collection complète des discours de M. Guizot dans les chambres de 1819 à 1848, précédée d'une introduction formant le complément des mémoires pour servir à l'histoire de mon temps (*sous presse*). — 4 vol. . . . . . . 30 »
MÉMOIRES pour servir à l'histoire de mon temps.—2e *édition.* 5 vol. . 37 50
TOME VI (*sous presse*). 1 vol . . 7 50
TROIS ROIS, TROIS PEUPLES ET TROIS SIÈCLES (*sous presse*). 1 vol. . . . 7 50
WILLIAM PITT ET SON TEMPS, par *lord Stanhope*, traduction précédée d'une introduction. — Tom. I et II. — 2 vol. . . . . 12 »

LE COMTE D'HAUSSONVILLE
HISTOIRE DE LA POLITIQUE EXTÉRIEURE DU GOUVERNEMENT FRANÇAIS : 1830-1848, avec documents, notes et pièces justificatives. 2 vol. 12 »
HISTOIRE DE LA RÉUNION DE LA LORRAINE A LA FRANCE, avec notes, pièces justificatives et documents entièrement inédits. 4 vol. . . . 30 »

ROBERT HOUDIN fr. c.
LES TRICHERIES DES GRECS DÉVOILÉES. — 1 vol. . . . . 5 »

VICTOR HUGO
LES CONTEMPLATIONS. 4e éd. 2 vol. 12 »
LA LÉGENDE DES SIÈCLES.—2e édition. — 2 vol. . . . . 15 »

PAUL JANET.
PHILOSOPHIE DU BONHEUR (*sous presse*). 1 vol. 7 50

JULES JANIN
LES GAITÉS CHAMPÊTRES. 2 vol. . . 12 »
LA RELIGIEUSE DE TOULOUSE. 2 vol. 12 »

ALPHONSE JOBEZ
LA FEMME ET L'ENFANT, OU MISÈRE ENTRAINE OPPRESSION. 1 vol. . . . 5 »

***
ÉTUDES SUR LA MARINE : L'escadre de la Méditerranée. — La Question chinoise.—La Marine à vapeur dans les guerres continentales. — 1 vol. 7 50

LAMARTINE
GENEVIÈVE. — Histoire d'une Servante. 1 vol. . . . . 5 »
NOUVELLES CONFIDENCES. 1 vol. . . 5 »
TOUSSAINT LOUVERTURE. 1 vol. . . . 5 »
VIE D'ALEXANDRE LE GRAND.—2 vol. 10 »

CHARLES LAMBERT
LE SYSTÈME DU MONDE MORAL. 1 vol. 7 50

DE LAROCHEFOUCAULD
DUC DE DOUDEAUVILLE
MÉMOIRES.— Tome I à VI.— 6 vol. 45 »

JULES DE LASTEYRIE
HISTOIRE DE LA LIBERTÉ POLITIQUE EN FRANCE. — *Première partie.* 1 vol. 7 50
(L'ouvrage sera complet en 3 vol.)

DE LATENA
ÉTUDE DE L'HOMME. 3e *édit.* 1 vol. . 7 50

JULES LE BERQUIER
LA COMMUNE DE PARIS. — Limites et Organisation nouvelles. — 1 vol. 5 »

CHARLES LENORMANT
BEAUX-ARTS ET VOYAGES, précédés d'une lettre de M. Guizot. 2 vol. 15 »

L. DE LOMÉNIE
BEAUMARCHAIS ET SON TEMPS, études sur la Société en France au XVIIIe siècle, d'après des documents inédits.—2e *édition.*—2 vol. . . . 15 »

LORD MACAULAY
Traduit par GUILLAUME GUIZOT
ESSAIS HISTORIQUES ET BIOGRAPHIQUES. — 2 vol. . . . . 12 »
ESSAIS PHILOSOPHIQUES ET POLITIQUES, (*Sous presse*). 1 vol. . . . . . . 6 »
ESSAIS SUR LA LITTÉRATURE ANGLAISE. Précédés d'une Notice sur lord Macaulay, par *Guillaume Guizot.* (*Sous presse*) — 1 vol. . . 6 »
ESSAIS SUR L'HISTOIRE D'ANGLETERRE (*Sous presse*).— 1 vol. . . 6 »

JOSEPH DE MAISTRE fr. c.

CORRESPONDANCE DIPLOMATIQUE (1811-1817), recueillie et publiée par *Albert Blanc*. 2 vol. . . . . 15 »

MÉMOIRES POLITIQUES ET CORRESPONDANCE DIPLOMATIQUE, avec explications et commentaires historiques, par *Albert Blanc*. — 1 vol. . . . 5 »

LE COMTE DE MARCELLUS

CHATEAUBRIAND ET SON TEMPS. 1 vol. 7 50

LES GRECS ANCIENS ET LES GRECS MODERNES. — Études littéraires. — 1 vol. 7 50

SOUVENIRS DIPLOMATIQUES. Correspondance intime de M. de Chateaubriand. — *Nouv. édition.* — 1 vol. 5 »

VINGT JOURS EN SICILE. — 1 vol. . . 5 »

MÉRY

NAPOLÉON EN ITALIE. Poème. — 1 magnifique volume . . . . 5 »

LE COMTE MIOT DE MÉLITO

Ancien ambassadeur, ministre, conseiller d'état et membre de l'Institut

SES MÉMOIRES, publiés par sa famille (1788-1815). 3 vol. . . . . 18 »

A. MONGINOT

Professeur de comptabilité, expert près les Cours et Tribunaux de Paris

NOUVELLES ÉTUDES SUR LA COMPTABILITÉ : TENUE DES LIVRES, commerciale, industrielle et agricole. Comprenant les Théories, les Modèles et la Critique des systèmes usités. — L'exposition d'une Méthode nouvelle. — Un Traité sur les vérifications. — Un résumé de Législation et de Jurisprudence spéciales, diverses notions sur les opérations de bourse, les changes et les arbitrages. — 2e édit. — 1 vol. 7 50

LE COMTE DE MONTALIVET

LE ROI LOUIS-PHILIPPE (liste civile). *Nouv. édition*, entièrement revue et considérablement augmentée de notes, pièces justificatives et documents inédits, avec un portrait et un fac-simile du roi, et un plan du château de Neuilly. — 1 vol. 6 »

MORTIMER-TERNAUX.

HISTOIRE DE LA TERREUR, 1792-1794, d'après des documents authentiques et inédits. Tome I et II. 2 v. 12 »

MICHEL NICOLAS

DES DOCTRINES RELIGIEUSES DES JUIFS pendant les deux siècles antérieurs à l'ère chrétienne. 1 vol. 7 50

ESSAIS DE PHILOSOPHIE ET D'HISTOIRE RELIGIEUSE. — 1 vol. 7 50

ÉTUDES CRITIQUES SUR LA BIBLE. — Ancien Testament. — 1 vol. . . . 7 50

CHARLES NISARD

LES GLADIATEURS DE LA RÉPUBLIQUE DES LETTRES. — 2 vol. . . . 15 »

CASIMIR PÉRIER

LES FINANCES DE L'EMPIRE. — 1/2 v. 1 »

LE TRAITÉ AVEC L'ANGLETERRE. — 2e édit., rev. et augm. — 1/2 vol. 1 50

A. PHILIPPE fr. c.

ROYER-COLLARD. Sa vie publique, sa vie privée, sa famille. 1 vol. . . 5 »

L. PHILIPPSON

Traduction de L. Lévy-Bing

DU DÉVELOPPEMENT DE L'IDÉE RELIGIEUSE dans le Judaïsme, le Christianisme et l'Islamisme. 1 vol. . . 6 »

L'ABBÉ PIERRE

CONSTANTINOPLE, JÉRUSALEM ET ROME avec un plan de Jérusalem et une carte des côtes orientales de la Méditerranée. — 2 vol. . . . . . 15 »

GUSTAVE PLANCHE

PORTRAITS LITTÉRAIRES. — 2 vol. . 7 »

LE COMTE DE PONTÉCOULANT

SOUVENIRS HISTORIQUES ET PARLEMENTAIRES, extraits de ses papiers et de sa correspondance. — 1764-1848. — Tomes I et II. — 2 vol. 12 »

PRÉVOST-PARADOL

ÉLISABETH ET HENRI IV. — 1595-1598 — 1 vol. . . . . 6 »

ESSAIS DE POLITIQUE ET DE LITTÉRATURE. — 2e édition. — 1 vol. . . 7 50

NOUVEAUX ESSAIS DE POLITIQUE ET DE LITTÉRATURE. — 1 vol. 7 50

EDGAR QUINET

HISTOIRE DE LA CAMPAGNE DE 1815, — 1 vol. avec une carte. 7 50

MERLIN L'ENCHANTEUR. 2 vol. . . 15 »

Mme RÉCAMIER

SOUVENIRS ET CORRESPONDANCE tirés de ses papiers. — 3e édition. — 2 vol. . . . . 15 »

COPPET ET WEIMAR. — MADAME DE STAEL ET LA GRANDE DUCHESSE LOUISE. — Récits et Correspondances, par l'auteur des *Souvenirs de Madame Récamier*. 1 v. 7 50

CH. DE RÉMUSAT

de l'Académie française

POLITIQUE LIBÉRALE, ou Fragments pour servir à la défense de la Révolution française. 1 vol. 7 50

ERNEST RENAN

de l'Institut

AVERROÈS ET L'AVERROÏSME, essai historique. — 2e édition, revue et corrigée. — 1 vol. 7 50

LE CANTIQUE DES CANTIQUES, traduit de l'hébreu, avec une étude sur le plan, l'âge et le caractère du poème. — 2e édition. — 1 vol. . . 6 »

LA CHAIRE D'HÉBREU AU COLLÉGE DE FRANCE, explications à mes collègues. — Brochure. . . . . . . 1 »

DE L'ORIGINE DU LANGAGE. 3e édition. 1 vol. . . . . 6 »

DE LA PART DES PEUPLES SÉMITIQUES DANS L'HISTOIRE DE LA CIVILISATION. — 5e édition. — Brochure. . . . . 1 »

ESSAIS DE MORALE ET DE CRITIQUE. — 2e édition. — 1 vol. 7 50

BIBLIOTHÈQUE CONTEMPORAINE
ET COLLECTION DE LA LIBRAIRIE NOUVELLE
Format grand in-18 à 3 francs le volume

HENRI HEINE (*Suite*) vol.

*Nouvelle édition, revue, considé-
rablement augmentée*, précédée
d'une étude sur Henri Heine, par
Théophile Gautier, et ornée d'un
portrait. 2

CAMILLE HENRY

LE ROMAN D'UNE FEMME LAIDE. 2e *édit.* 1
LE ROMAN D'UNE JOLIE FEMME (*sous pr.*). 1
UNE NOUVELLE MADELEINE. 1

HOFFMANN
Traduction de Champfleury

CONTES POSTHUMES. 1

ROBERT HOUDIN

CONFIDENCES D'UN PRESTIDIGITATEUR. . 2

ARSÈNE HOUSSAYE

MADEMOISELLE MARIANI, histoire pari-
sienne (1858). — 4e *édition*. 1

CHARLES HUGO

LE COCHON DE SAINT-ANTOINE (*Sous pr.*) 1
UNE FAMILLE TRAGIQUE. 1

UN INCONNU

MONSIEUR X ET MADAME ***. 1

ALFRED JACOBS

L'OCÉANIE NOUVELLE. — Colonies, Mi-
grations et Mélanges. 1

PAUL JANET

LA FAMILLE. — LEÇONS DE PHILOSOPHIE
MORALE, ouvrage couronné par l'Académie française. — 4e *édition*. . . 1

JULES JANIN

BARNAVE. *Nouvelle édition.* 1
LES CONTES DU CHALET. 1
CONTES FANTASTIQUES ET LITTÉRAIRES. 1
HISTOIRE DE LA LITTÉRATURE DRAMA-
TIQUE. 6

KARL-DES-MONTS

LES LÉGENDES DES PYRÉNÉES. — 4e *éd.* 1

ALPHONSE KARR

DE LOIN ET DE PRÈS. — 2e *édition* . . 1
EN FUMANT — 2e *édition.* 1
LETTRES ÉCRITES DE MON JARDIN. . . 1
LE ROI DES ILES CANARIES (*Sous
presse*). 1
SUR LA PLAGE. 1

LABRUYÈRE

LES CARACTÈRES. — *Nouvelle édition,
commentée par* A. DESTAILLEUR. . 2

LAMARTINE

LES CONFIDENCES, *nouvelle édition.* 1
GENEVIÈVE, Histoire d'une Servante.
2e *édition*. 1
NOUVELLES CONFIDENCES. 2e *édition.* 1
TOUSSAINT LOUVERTURE. 3e *édition.* . 1

LE PRINCE DE LA MOSKOWA vol.

SOUVENIRS ET RÉCITS. 1

LANFREY

LES LETTRES D'ÉVERARD. 1

VICTOR DE LAPRADE
de l'Académie française

POÈMES ÉVANGÉLIQUES. — 3e *édition*,
augmentée d'un chapitre de la *Poétique chrétienne*, ouvrage couronné
par l'Académie française. 1
PSYCHÉ. — Odes et Poëmes. — *Nouvelle édition*, augmentée de Pièces
nouvelles. 1
LES SYMPHONIES. — IDYLLES HÉROÏQUES.
— *Nouvelle édition, augmentée de
pièces inédites.* 1

FERDINAND DE LASTEYRIE.

LES TRAVAUX DE PARIS, examen critique. 1

ÉMILE DE LATHEULADE

DE LA DIGNITÉ HUMAINE. 1

ANTOINE DE LATOUR

ÉTUDES SUR L'ESPAGNE. 2
LA BAIE DE CADIX. — NOUVELLES ÉTU-
DES SUR L'ESPAGNE. 1
TOLÈDE ET LES BORDS DU TAGE. — NOU-
VELLES ÉTUDES SUR L'ESPAGNE . . . 1
L'ESPAGNE RELIGIEUSE ET LITTÉRAIRE,
— pages détachées 1

CHARLES DE LA VARENNE

VICTOR EMMANUEL II ET LE PIÉMONT. 1

CH. LAVOLLÉE

LA CHINE CONTEMPORAINE. 1

ERNEST LEGOUVÉ
de l'Académie française

LECTURES A L'ACADÉMIE 1

JOHN LEMOINNE

ÉTUDES CRITIQUES ET BIOGRAPHIQUES. 1
NOUVELLES ÉTUDES CRITIQUES ET BIO-
GRAPHIQUES. 1

CH. LIADIÈRES

ŒUVRES DRAMATIQUES ET LÉGENDES . 1
SOUVENIRS HISTORIQUES ET PARLE-
MENTAIRES. 1

FRANZ LISZT

DES BOHÉMIENS ET DE LEUR MUSIQUE
EN HONGRIE 1

LE ROI LOUIS-PHILIPPE

MON JOURNAL. Événements de 1815. . 2

LE VICOMTE DE LUDRE

DIX ANNÉES DE LA COUR DE GEORGES II 1

CHARLES MAGNIN

HISTOIRE DES MARIONNETTES EN
EUROPE, depuis l'antiquité jusqu'à
nos jours. — 2e *édition, revue et
corrigée* 1

FERNAND SCHICKLER

EN ORIENT.—SOUVENIRS DE VOYAGE. 1858-1861 1

WILLIAM N. SENIOR

LA TURQUIE CONTEMPORAINE. 1

DE STENDHAL (H. BEYLE)
ŒUVRES COMPLÈTES

DE L'AMOUR. *Seule édition complète.* 1
LA CHARTREUSE DE PARME. *Nouv. éd.* 1
CHRONIQUES ITALIENNES 1
CORRESPONDANCE INÉDITE, précédée d'une Introduction par Prosper Mé-rimée, de l'Académie française, or-née d'un beau portrait de Stendhal. 2
HISTOIRE DE LA PEINTURE EN ITALIE, *seule édition complète* entièrement revue et corrigée. 1
MÉMOIRES D'UN TOURISTE. *Nouvelle édition* revue et augmentée d'une grande partie entièrement inédite. . 2
NOUVELLES INÉDITES 1
NOUVELLES ET MÉLANGES. (*Sous pr.*). 1
PROMENADES DANS ROME. *Nouv. édi-tion* avec fragments inédits. 2
RACINE ET SHAKSPEARE, Études sur le Romantisme. — *Nouv. édition* en-tièrement revue et augmentée d'un grand nombre de fragments inédits. 1
ROMANS ET NOUVELLES, précédés d'une Notice sur STENDHAL, par M. R. COLOMB. 1
ROME, NAPLES ET FLORENCE. *Nouvelle édition* entièrement revue et corrigée. 1
LE ROUGE ET LE NOIR. *Nouv. édition* 1
VIE DE ROSSINI. *Nouv. édition*, en-tièrement revue et augmentée . . . 1
VIES DE HAYDN, DE MOZART ET DE MÉ-TASTASE. *Nouv. édit.* entièrem. rev. 1

DANIEL STERN

ESSAI SUR LA LIBERTÉ, considérée comme principe et fin de l'activité humaine.—*Nouv. édition, revue.* 1
FLORENCE ET TURIN, Souvenirs et Es-pérances 1

MATHILDE STEV

LE OUI ET LE NON DES FEMMES 1

TÉRENCE.

SES COMÉDIES, trad. par *A. de Belloy.* 1

EDMOND TEXIER

CONTES ET VOYAGES 1
CRITIQUES ET RÉCITS LITTÉRAIRES. . . 1

CH. THIERRY-MIEG

SIX SEMAINES EN AFRIQUE, Souvenirs de voyage, avec une carte itiné-raire de *V. A. Malte-Brun* et 9 des-sins de *Worms.* 1

A. THIERS

HISTOIRE DE LAW 1

ÉMILE THOMAS

HISTOIRE DES ATELIERS NATIONAUX, considérés sous le double point de vue politique et social; des causes de leur formation et de leur existence; et de l'influence qu'ils ont exercée sur les évènements des quatre pre-miers mois de la République; suivie de pièces justificatives. 1

TIRSO DE MOLINA vol.

THÉÂTRE. — Traduit pour la pre-mière fois par *Alphonse Royer*. . 1

MARIO UCHARD

LE MARIAGE DE GERTRUDE. 1
RAYMON..—2e *édition*. 1

AUGUSTE VACQUERIE

PROFILS ET GRIMACES. 1

E. DE VALBEZEN
(*Le major Fridolin*)

LA MALLE DE L'INDE. — 2e *édition*. . 1
RÉCITS D'HIER ET D'AUJOURD'HUI. — Nouvelles. 1

OSCAR DE VALLÉE

LES MANIEURS D'ARGENT. Études his-toriques et morales (1720-1857). — 4e *édition, revue et précédée d'une nouvelle introduction*. 1

MAX VALREY

CES PAUVRES FEMMES ! 1
LES VICTIMES DU MARIAGE 1

THÉODORE VERNES

NAPLES ET LES NAPOLITAINS. —2e *édit*. 1

SAMUEL VINCENT

DU PROTESTANTISME EN FRANCE.—*Nou-velle édition*, précédée d'une intro-duction de M. PRÉVOST-PARADOL. . 1

LÉON VINGTAIN

DE LA LIBERTÉ DE LA PRESSE, avec un Appendice contenant les avertisse-ments, suspensions et suppressions en cours par la presse quotidienne et périodique, depuis 1848 jusqu'à nos jours 1
VIE PUBLIQUE DE ROYER-COLLARD, Études parlementaires, avec une pré-face de M. *A. de Broglie.* 1

L. VITET
de l'Académie française

ESSAIS HISTORIQUES ET LITTÉRAIRES. 1
LA LIGUE. — SCÈNES HISTORIQUES:
Les Etats de Blois. — Histoire de la Ligue. — Les Barricades. — La mort de Henri III. — *Précédées des* ÉTATS D'ORLÉANS, SCÈNES HISTO-RIQUES. — *Nouvelle édition, re-vue et corrigée.* 2
HISTOIRE DE DIEPPE.— *Nouvelle édit. revue et augmentée* (*Sous presse*). 1
ÉTUDES SUR L'HISTOIRE DE LA PEINTURE, et des arts du dessin, en Italie, en France et dans les Pays-Bas (*S. pr.*) 2

RICHARD WAGNER

QUATRE POEMES D'OPÉRAS ALLEMANDS traduits en prose française 1

FRANCIS WEY

CHRISTIAN (*roman inédit*). 1

E. YEMENIZ
Consul de Grèce.

LA GRÈCE MODERNE.— Héros et Poètes. 1

BIBLIOTHÈQUE NOUVELLE
Format grand in-18 à 2 francs le volume

EDMOND ABOUT vol.
LE CAS DE M. GUÉRIN. 1
LE NEZ D'UN NOTAIRE. 1

AMÉDÉE ACHARD
BELLE-ROSE. 1
NELLY. 1

ALBERT AUBERT
LES ILLUSIONS DE JEUNESSE DE M. BOU-
DIN. 1

BABAUD-LARIBIÈRE
HISTOIRE DE L'ASSEMBLÉE NATIONALE
CONSTITUANTE 2

H. DE BARTHÉLEMY
LA NOBLESSE EN FRANCE, avant et depuis 1789. 1

Mme DE BAWR
NOUVELLES 1
RAOUL ou l'Énéide 1
ROBERTINE 1
LES SOIRÉES DES JEUNES PERSONNES. . 1

FRÉDÉRIC BÉCHARD
LES EXISTENCES DÉCLASSÉES. — 4e édi-
tion. 1
L'ÉCHAPPÉ DE PARIS.—Nouv. série des
Existences déclassées. 2e édition. 1

GEORGES BELL
LES REVANCHES DE L'AMOUR. 1

PIERRE BERNARD
L'A B C DE L'ESPRIT ET DU CŒUR. . . 1

ALBERT BLANQUET
LE ROI D'ITALIE, roman historique. . 1

RAOUL BRAVARD
CES SAVOYARDS ! 1

E. BRISEBARRE & E. NUS
LES DRAMES DE LA VIE. 2

CLÉMENT CARAGUEL
SOUVENIRS ET AVENTURES D'UN VOLON-
TAIRE GARIBALDIEN. 1

COMTESSE DE CHABRILLAN
EST-IL FOU ?. 1
MISS PEWEL 1

EUGÈNE CHAPUS
LES HALTES DE CHASSE. — 2e édition. 1
MANUEL DE L'HOMME ET DE LA FEMME
COMME IL FAUT. — 5e édition . . . 1

A. CONSTANT
LE SORCIER DE MEUDON. 1

COMTESSE DASH
LE LIVRE DES FEMMES. 1

DÉCEMBRE-ALONNIER
LA BOHÈME LITTÉRAIRE 1

ÉDOUARD DELESSERT
LE CHEMIN DE ROME. 1

CH. DESLYS
SUR LA CÔTE NORMANDE. 1

CH. DICKENS vol.
Traduction Amédée Pichot
HISTORIETTES ET RÉCITS DU FOYER. . 1

CH. DOLLFUS
LE CALVAIRE. 1
LIBERTÉ ET CENTRALISATION. 1

MAXIME DUCAMP
LES CHANTS MODERNES. 1
LE CHEVALIER DU CŒUR-SAIGNANT . . 1
L'HOMME AU BRACELET D'OR. — 2e éd. 1
LE NIL (Égypte et Nubie). — 5e édition. 1
LE SALON DE 1859. 1
LE SALON DE 1861. 1

JOACHIM DUFLOT
LES COULISSES DES THÉÂTRES DE PARIS,
Mœurs, Usages, Anecdotes, avec une
préface de J. NORIAC. 1

ALEXANDRE DUMAS
L'ART ET LES ARTISTES CONTEMPORAINS
au salon de 1859. 1
UNE AVENTURE D'AMOUR. 1
LES COMPAGNONS DE JÉHU. 2
LES DRAMES SANGLANTS. — LA MAR-
QUISE D'ESCOMAN 2
MONSIEUR COUMBES. 1
DE PARIS A ASTRAKAN. — 1re, 2e et 3e
séries. 3

XAVIER EYMA
LE ROMAN DE FLAVIO 1

ANTOINE GANDON
LES TRENTE-DEUX DUELS DE JEAN GIGON.
— 10e édition. 1
LE GRAND GODARD. — 4e édition. . . 1
L'ONCLE PHILIBERT. histoire d'un peu-
reux, 5e édition. 1

ÉMILE DE GIRARDIN
BON SENS, BONNE FOI 1
LE DROIT AU TRAVAIL au Luxembourg
et à l'Assemblée nationale. 1
ÉTUDES POLITIQUES, nouvelle édition. 1
LE POUR ET LE CONTRE. 1
QUESTIONS ADMINISTRATIVES ET FINAN-
CIÈRES. 1

EDMOND ET JULES DE GONCOURT
SŒUR PHILOMÈNE 1

ÉDOUARD GOURDON
LOUISE. — 10e édition. 1
LES FAUCHEURS DE NUIT. — 3e édition. 1

LÉON GOZLAN
L'AMOUR DES LÈVRES ET L'AMOUR DU
CŒUR. 1
ARISTIDE FROISSART. 1
LES AVENTURES DU PRINCE DE GALLES. 1
LE PLUS BEAU RÊVE D'UN MILLIONNAIRE 1

Mme MARIE DE GRANFORT
OCTAVE. — COMMENT ON S'AIME QUAND
ON NE S'AIME PLUS. 1

ED. GRIMARD
L'ÉTERNEL FÉMININ. 1

JULES GUÉROULT
FABLES. 1

ŒUVRES COMPLÈTES

DE

H. DE BALZAC

NOUVELLE ÉDITION, COMPLÈTE EN 45 VOLUMES

à 1 fr. 25 centimes le volume (Chaque volume se vend séparément)

Les œuvres que BALZAC a désignées sous le titre de :

Comédie humaine, forment dans cette édition . . . . 40 volumes.
Les Contes drolatiques . . . . 3 —
Le Théâtre, la seule édition complète . . . . 2 —

CLASSIFICATION D'APRÈS LES INDICATIONS DE L'AUTEUR :

COMÉDIE HUMAINE

SCÈNES DE LA VIE PRIVÉE

Tome 1. — LA MAISON DU CHAT QUI PELOTTE. Le Bal de Sceaux. La Bourse. La Vendetta. Madame Firmiani. Une double Famille.
Tome 2. — LA PAIX DU MÉNAGE. La fausse Maîtresse. Étude de Femme. Autre Étude de Femme. La grande Bretèche. Albert Savarus.
Tome 3. — MÉMOIRES DE DEUX JEUNES MARIÉES. Une Fille d'Ève.
Tome 4. — LA FEMME DE TRENTE ANS. La Femme abandonnée. La Grenadière. Le Message. Gobseck.
Tome 5. — LE CONTRAT DE MARIAGE. Un Début dans la Vie.
Tome 6. — MODESTE MIGNON.
Tome 7. — BÉATRIX.
Tome 8. — HONORINE. Le colonel Chabert. La Messe de l'Athée. L'Interdiction. Pierre Grassou.

SCÈNES DE LA VIE DE PROVINCE

Tome 9. — URSULE MIROUET.
Tome 10. — EUGÉNIE GRANDET.
Tome 11. — LES CÉLIBATAIRES I. Pierrette. Le Curé de Tours.
Tome 12. — LES CÉLIBATAIRES II. Un Ménage de Garçon.
Tome 13. — LES PARISIENS EN PROVINCE. L'illustre Gaudissart. La Muse du département.
Tome 14. — LES RIVALITÉS. La Vieille Fille. Le Cabinet des Antiques.
Tome 15. — LE LYS DANS LA VALLÉE.
Tome 16. — ILLUSIONS PERDUES I. Les deux Poètes. Un Grand homme de province à Paris, 1re partie.
Tome 17. — ILLUSIONS PERDUES, II. Un Grand homme de province, 2e partie. Ève et David.

SCÈNES DE LA VIE PARISIENNE

Tome 18. — SPLENDEURS ET MISÈRES DES COURTISANES. Esther heureuse. A combien l'amour revient aux Vieillards. Où mènent les mauvais chemins.
Tome 19. — LA DERNIÈRE INCARNATION DE VAUTRIN. Un Prince de la Bohême. Un Homme d'affaires. Gaudissart II. Les Comédiens sans le savoir.

Tome 20. — HISTOIRE DES TREIZE. Ferragus. La duchesse de Langeais. La Fille aux yeux d'or.
Tome 21. — LE PÈRE GORIOT.
Tome 22. — CÉSAR BIROTTEAU.
Tome 23. — LA MAISON NUCINGEN. Les Secrets de la princesse de Cadignan. Les Employés. Sarrasine. Facino cane.
Tome 24. — LES PARENTS PAUVRES, I. La Cousine Bette.
Tome 25. — LES PARENTS PAUVRES, II. Le Cousin Pons.

SCÈNES DE LA VIE POLITIQUE

Tome 26. — UNE TÉNÉBREUSE AFFAIRE. Un Épisode sous la Terreur.
Tome 27. — L'ENVERS DE L'HISTOIRE CONTEMPORAINE. Madame de la Chanterie. L'Initié. Z. Marcas.
Tome 28. — LE DÉPUTÉ D'ARCIS.

SCÈNES DE LA VIE MILITAIRE

Tome 29. — LES CHOUANS. Une Passion dans le Désert.

SCÈNES DE LA VIE DE CAMPAGNE

Tome 30. — LE MÉDECIN DE CAMPAGNE.
Tome 31. — LE CURÉ DE VILLAGE.
Tome 32. — LES PAYSANS.

ÉTUDES PHILOSOPHIQUES

Tome 33. — LA PEAU DE CHAGRIN.
Tome 34. — LA RECHERCHE DE L'ABSOLU. Jésus-Christ en Flandre. Melmoth réconcilié. Le Chef-d'œuvre inconnu.
Tome 35. — L'ENFANT MAUDIT. Gambara. Massimilia Doni.
Tome 36. — LES MARANA. Adieu. Le Réquisitionnaire. El Verdugo. Un Drame au bord de la mer. L'Auberge rouge. L'Elixir de longue vie. Maître Cornélius.
Tome 37. — SUR CATHERINE DE MÉDICIS. Le Martyr calviniste. La confidence des Ruggieri. Les deux rêves.
Tome 38. — LOUIS LAMBERT. Les Proscrits. Seraphita.

ÉTUDES ANALYTIQUES

Tome 39. — PHYSIOLOGIE DU MARIAGE.
Tome 40. — PETITES MISÈRES DE LA VIE CONJUGALE.

CONTES DROLATIQUES

Tome 41. 1er *dixain.* — LA BELLE IMPÉRIA. Le Péché véniel. La mye du roy.

L'Héritier du diable. Les Joyeusetés du roy Ioys le unziesme. La Connestable. La Pucelle de Thilhouse. Le Frère d'armes. Le Curé d'Azay-le-Rideau. L'Apostrophe.

Tome 42. 2ᵉ *dixain.* — LES TROIS CLERCS DE SAINCT-NICHOLAS. Le jeusne de Françoys premier. Les bons proupos des religieuses de Poissy. Comment feut Basty-le chasteau d'Azay. La faulse courtisane. Le dangier d'estre trop cocquebin. La chiere nuictée d'amour. Le prosne du joyeulx curé de Méudon. Le Succube. Désespérance d'amour.

Tome 43. 3ᵐᵉ *dixain.* — Persévérance d'amour. D'ung iusticiard qui ne se remembroyt les chouses. Sur le moyne Amador, qui feut un glorieux abbé de Turpenay.

Berthe la repentie. Comment la belle fille de Portillon quinaulda son iuge. Cy est remonstré que la fortune est toujours femelle. D'ung paouvre qui avoyt nom le vieulx par-chemins. Dires incongrus de trois pèlerins. Naïfveté. La belle Impéria mariée.

THÉATRE

Tome 44. — VAUTRIN, drame en 5 actes. Les Ressources de Quinola, comédie en 5 actes et un prologue. Paméla Giraud, pièce en 5 actes.

Tome 45. — LA MARATRE, drame intime en 5 actes et 8 tableaux. Le Faiseur (Mercadet), comédie en 5 actes (entièrement conforme au manuscrit de l'auteur.)

OUVRAGES DE DIVERS FORMATS

GEORGES BELL   fr. c
LE MIROIR DE CAGLIOSTRO (Hypnotisme). —1 vol. in-18 . . . . . . 1 »

J. BRUNTON
LES 40 PRÉCEPTES DU JEU DE WHIST. 1 50

ALFRED BUSQUET
LA NUIT DE NOEL. poëme. — 1 joli vol. in-32 carré . . . . 1 »

LOUIS JOURDAN
LES PRIÈRES DE LUDOVIC. —1 v. in-32 1 »

LASSABATHIE
Administrateur du Conservatoire
HISTOIRE DU CONSERVATOIRE IMPÉRIAL DE MUSIQUE ET DE DÉCLAMATION, suivie de documents recueillis et mis en ordre. — 1 vol. grand in-18 . . . . 5 »

AUGUSTE LUCHET.
LA CÔTE D'OR A VOL D'OISEAU. —1 v. grand in-18 . . . . 2 »
LA SCIENCE DU VIN. —1 v. gr. in-18. 2 50

P. MORIN   fr. c.
COMMENT L'ESPRIT VIENT AUX TABLES. —1 vol. in-18 . . . . 1 50

LE PRINCE DE LA MOSKOWA
LE SIÈGE DE VALENCIENNES, 1 vol. in-18, avec carte . . . . 1 »

A. PEYRAT
UN NOUVEAU DOGME, histoire de l'Immaculée Conception. —1 vol. in-18 1 »

LE DOCTEUR RAULAND
LE LIVRE DES ÉPOUX. — Guide pour la guérison de l'Impuissance, de la Stérilité et de toutes les maladies des organes génitaux. —1 fort vol. gr. in-18 . . . . 4 »

LE Dʳ FÉLIX ROUBAUD
Inspect. des Eaux min. de Pougues (Nièvre)
LA DANSE DES TABLES, Phénomènes phisiologiques démontrés, avec gravure explicative. — 2ᵉ *édition.* — 1 vol. in-18 . . . . 1 »
LES EAUX MINÉRALES DE LA FRANCE. Guide du médecin praticien et du malade. —1 fort vol. gr. in-18 broché, 4 fr. ; relié . . . . 5 »

Mᵐᵉ ADAM SALOMON
DE L'ÉDUCATION D'APRÈS PANHOEIPAN. —1 joli vol. in-32 . . . . . 1 »

ÉTUDES CONTEMPORAINES

Format in-18

ODILON BARROT
DE LA CENTRALISATION ET DE SES EFFETS. —1 vol. . . . . 1 »

LE PRINCE A. DE BROGLIE
UNE RÉFORME ADMINISTRATIVE EN AFRIQUE. — 1 vol. 1 50

ÉDOUARD DELPRAT
L'ADMINISTRATION ET LA PRESSE. 1 v. 1 »

A. GERMAIN
MARTYROLOGE DE LA PRESSE. 1 vol. 2 50

LE COMTE D'HAUSSONVILLE
LETTRE AU SÉNAT. — 1 vol. . . . . 1 »

LÉONCE DE LAVERGNE
LA CONSTITUTION DE 1852 ET LE DÉCRET DU 24 NOVEMBRE. — 1 vol. 1 »

ED. DE SONNIER
LES DROITS POLITIQUES DANS LES ÉLECTIONS. — Manuel de l'Électeur et du Candidat. —1 vol. . . 1 »

***
LA LIBERTÉ RELIGIEUSE ET LA LÉGISLATION ACTUELLE. — 1 vol. . . . 1 »

COLLECTION MICHEL LÉVY
ET BIBLIOTHÈQUE DE LA LIBRAIRIE NOUVELLE
1 franc le volume grand in-18 de 350 à 400 pages

ALEXANDRE DUMAS (Suite). vol.

LES BALEINIERS.	2
LE BATARD DE MAULÉON	3
BLACK	1
LA BOUILLIE DE LA COMTESSE BERTHE.	1
LA BOULE DE NEIGE	1
BRIC-A-BRAC.	2
UN CADET DE FAMILLE	3
LE CAPITAINE PAMPHILE	1
LE CAPITAINE PAUL	1
LE CAPITAINE RICHARD.	1
CATHERINE BLUM.	1
CAUSERIES.	2
CÉCILE.	1
CHARLES LE TÉMÉRAIRE.	2
LE CHASSEUR DE SAUVAGINE.	1
LE CHATEAU D'EPPSTEIN.	2
LE CHEVALIER D'HARMENTAL	2
LE CHEVALIER DE MAISON-ROUGE.	2
LE COLLIER DE LA REINE.	3
LE COMTE DE MONTE-CRISTO.	6
LA COMTESSE DE CHARNY.	6
LA COMTESSE DE SALISBURY.	2
LES CONFESSIONS DE LA MARQUISE.	2
CONSCIENCE L'INNOCENT.	2
LA DAME DE MONSOREAU.	3
LES DEUX DIANE.	3
DIEU DISPOSE.	2
LES DRAMES DE LA MER.	1
LA FEMME AU COLLIER DE VELOURS.	1
FERNANDE.	1
UNE FILLE DU RÉGENT.	1
LES FRÈRES CORSES.	1
GABRIEL LAMBERT.	1
GAULE ET FRANCE.	1
GEORGES.	1
UN GIL BLAS EN CALIFORNIE.	1
LA GUERRE DES FEMMES	2
HISTOIRE D'UN CASSE-NOISETTE.	1
L'HOROSCOPE.	1
IMPRESSIONS DE VOYAGE — EN SUISSE	3
— UNE ANNÉE A FLORENCE.	1
— L'ARABIE HEUREUSE.	3
— LES BORDS DU RHIN.	2
— LE CAPITAINE ARÉNA.	1
— DE PARIS A CADIX.	2
— QUINZE JOURS AU SINAÏ.	1
— LE SPÉRONARE.	2
— LE VÉLOCE.	2
INGÉNUE.	2
ISABEL DE BAVIÈRE.	2
ITALIENS ET FLAMANDS.	2
IVANHOÉ de W. Scott. (Traduction.).	2
JANE.	1
JEHANNE LA PUCELLE.	1
LES LOUVES DE MACHECOUL.	3
MADAME DE CHAMBLAY.	2
LA MAISON DE GLACE.	2
LE MAÎTRE D'ARMES.	1
LES MARIAGES DU PÈRE OLIFUS.	1
LES MÉDICIS.	1
MES MÉMOIRES	5
MÉMOIRES DE GARIBALDI.	2
MÉMOIRES D'UNE AVEUGLE.	2
MÉMOIRES D'UN MÉDECIN (BALSAMO).	5
LE MENEUR DE LOUPS.	1
LES MILLE ET UN FANTÔMES.	1

ALEXANDRE DUMAS (Suite). vol.

LES MOHICANS DE PARIS	4
LES MORTS VONT VITE.	2
NAPOLÉON.	1
UNE NUIT A FLORENCE.	1
OLYMPE DE CLÈVES.	3
LE PAGE DU DUC DE SAVOIE.	2
LE PASTEUR D'ASHBOURN.	2
PAULINE ET PASCAL BRUNO	1
LE PÈRE GIGOGNE.	2
LE PÈRE LA RUINE.	1
LA PRINCESSE FLORA.	1
LES QUARANTE-CINQ	3
LA REINE MARGOT.	2
LA ROUTE DE VARENNES.	1
LE SALTEADOR.	1
SALVATOR	5
SOUVENIRS D'ANTONY	1
SULTANETTA.	1
LES STUARTS	1
SYLVANDIRE.	1
LE TESTAMENT DE M. CHAUVELIN.	1
TROIS MAÎTRES	1
LES TROIS MOUSQUETAIRES.	2
LE TROU DE L'ENFER.	1
LA TULIPE NOIRE.	1
LE VICOMTE DE BRAGELONNE.	6
LA VIE AU DÉSERT.	2
UNE VIE D'ARTISTE.	1
VINGT ANS APRÈS.	3

ALEXANDRE DUMAS FILS

ANTONINE.	1
AVENTURES DE QUATRE FEMMES.	1
LA BOÎTE D'ARGENT.	1
LA DAME AUX CAMÉLIAS.	1
LA DAME AUX PERLES.	1
DIANE DE LYS.	1
LE DOCTEUR SERVANS.	1
LE RÉGENT MUSTEL	1
LE ROMAN D'UNE FEMME.	1
TROIS HOMMES FORTS	1
LA VIE A VINGT ANS.	1

HENRI DUPIN

CINQ COUPS DE SONNETTE.	1

MISS EDGEWORTH
Traduction Jousselin.

DEMAIN.	1

GABRIEL D'ENTRAGUES

HISTOIRES D'AMOUR ET D'ARGENT.	1

ERCKMANN-CHATRIAN

L'ILLUSTRE DOCTEUR MATHÉUS	1

XAVIER EYMA

AVENTURIERS ET CORSAIRES.	1
LES FEMMES DU NOUVEAU MONDE.	1
LES PEAUX NOIRES.	1
LES PEAUX ROUGES.	1
LE ROI DES TROPIQUES	1
LE TRÔNE D'ARGENT.	1

PAUL FÉVAL

ALIZIA PAULI	1
LES AMOURS DE PARIS.	2
LE BERCEAU DE PARIS	1
BLANCHEFLEUR	1

BIBLIOTHÈQUE DES VOYAGEURS

1 FRANC LE VOLUME

Jolis volumes format in-32, papier vélin.

	vol.		vol.
ÉMILE AUGIER		**Mme MANNOURY-LACOUR**	
LES PARIÉTAIRES, poésies.	1	ASPHODÈLES.	1
THÉODORE DE BANVILLE		SOLITUDES. — 2e *édition*.	1
ODELETTES.	1	**MÉRY**	
LES PAUVRES SALTIMBANQUES.	1	ANGLAIS ET CHINOIS.	1
LA VIE D'UNE COMÉDIENNE.	1	HISTOIRE D'UNE COLLINE.	1
CHARLES DESMAZE		**HENRY MURGER**	
MAURICE QUENTIN DE LA TOUR, peintre du roi Louis XV.	1	BALLADES ET FANTAISIES.	1
A. DE LAMARTINE		PROPOS DE VILLE ET PROPOS DE THÉÂTRE.	1
LES VISIONS.	1	**F. PONSARD**	
ALFRED DE LÉRIS		HOMÈRE, poème.	1
MES VIEUX AMIS.	1	**JULES SANDEAU**	
TROIS NOUVELLES ET UN CONTE.	1	LE CHÂTEAU DE MONTSABREY.	1
ALBERT LHERMITE		OLIVIER.	1
UN SCEPTIQUE S'IL VOUS PLAÎT.	1	***	
		PARIS CHEZ MUSARD.	1

COLLECTION A 50 CENTIMES LE VOLUME

Format grand in-32, sur beau papier vélin.

	vol.		vol.
UN ASTROLOGUE		**MICHELET**	
LA COMÈTE ET LE CROISSANT, présages et prophéties sur la Guerre d'Orient	1	POLOGNE ET RUSSIE.	1
GUSTAVE CLAUDIN		**LÉON PAILLET**	
PALSAMBLEU.	1	VOLEURS ET VOLÉS.	1
Mme LOUISE COLET		**PETIT-SENN**	
QUATRE POÈMES COURONNÉS PAR L'ACADÉMIE	1	BLUETTES ET BOUTADES.	1
ALEXANDRE DUMAS		**NESTOR ROQUEPLAN**	
LA JEUNESSE DE PIERROT, conte de fée	1	LES COULISSES DE L'OPÉRA.	1
MARIE DORVAL.	1	**AURÉLIEN SCHOLL**	
Mme MANOEL DE GRANDFORT		CLAUDE LE BORGNE.	1
COMMENT ON S'AIME LORSQU'ON NE S'AIME PLUS	1	**EDMOND TEXIER**	
HENRY DE LA MADELÈNE		UNE HISTOIRE D'HIER.	1
GERMAIN BARBEBLEUE.	1	**H. DE VILLEMESSANT**	
MÉRY		LES CANCANS.	1
LES AMANTS DU VÉSUVE	1	**WARNER**	
		SCHAMYL, le Prophète du Caucase.	1

COLLECTION HETZEL ET LÉVY

1 FRANC LE VOLUME

Jolis volumes format in-32, papier vélin.

OUVRAGES ILLUSTRÉS

VOYAGES ET AVENTURES DANS L'AFRIQUE ÉQUATORIALE

Mœurs et coutumes des habitants. — Chasses au gorille, au crocodile, au léopard, à l'éléphant, à l'hippopotame, etc., par PAUL DU CHAILLU, membre correspondant de la Société géographique de New-York, de la Société d'histoire naturelle de Boston et de la Société ethnographique américaine, avec illustrations et cartes. Édition française revue et augmentée. — 1 vol. grand in-8°. — Prix : broché 15 fr.; relié en toile, doré sur tranches.   Prix : 20 fr.

VOYAGES DANS LES MERS DU NORD
A BORD DE LA CORVETTE LA REINE-HORTENSE

Par CHARLES EDMOND. — 2me édition. — 1 vol. grand in-8, illustré de vignettes, de culs-de-lampe et de têtes de chapitres dessinés par KARL GIRARDET, d'après CH. GIRAUD, avec la carte du voyage et la carte géologique de l'Islande. (Sous presse.) — Prix : broché 15 fr.; relié en toile, doré sur tranches.   Prix : 20 fr.

L'ASSEMBLÉE NATIONALE COMIQUE

180 dessins inédits de CHAM, texte par A. LIREUX. — 1 vol. très-grand in-8. Prix, broché : 14 fr; relié en toile, avec plaques spéciales, doré sur tranches. Prix : 20 fr.

JÉROME PATUROT A LA RECHERCHE DE LA MEILLEURE DES RÉPUBLIQUES

Par LOUIS REYBAUD, illustré par TONY JOHANNOT. — 1 vol. très-grand in-8, contenant 160 vignettes dans le texte et 50 types. — Prix : broché, 15 fr., relié en toile, avec plaques spéciales, doré sur tranches.   Prix : 20 fr.

LE FAUST DE GŒTHE

Traduction revue et complète, précédée d'un Essai sur Gœthe, par HENRI BLAZE; édition illustrée de 9 vignettes de TONY JOHANNOT et d'un nouveau portrait de Gœthe, gravé sur acier par LANGLOIS, et tirés sur papier de Chine. — 1 vol. gr. in-8. Prix : broché, 8 fr.; relié en toile, avec plaq., doré sur tranches. Prix : 12 fr.

THÉATRE COMPLET DE VICTOR HUGO

1 vol. gr. in-8, orné du portrait de Victor Hugo et de 6 grav. sur acier, d'après les dessins de RAFFET, L. BOULANGER, J. DAVID, etc. — Prix : broché, 6 fr. 50. Demi-reliure chagrin, plats toile, doré sur tranches.   Prix : 11 fr.

CONTES RÉMOIS

Par le comte DE CHEVIGNÉ. — 4e édition, illustrée de 34 dessins de MEISSONIER. — 1 vol. grand in-18. Prix : 5 fr.; in-8 carré. Prix : 7 fr. 50. — Il reste quelques exemplaires du même ouvrage, tirés sur grand raisin vélin, 20 fr.; sur papier de Hollande, gravures tirées à part sur papier de Chine.   Prix : 60 fr.

LA COMÉDIE ENFANTINE

Par LOUIS RATISBONNE, illustrée par GOBERT et FROMENT, 2e édition. — 1 vol. gr. in-8°. — Prix : broché, 10 fr.; relié en toile avec plaques spéciales, doré sur tranches, 14 fr.; demi-reliure chagrin, plat toile, doré sur tranches. Prix : 14 fr.

LE RENARD DE GŒTHE

Traduit par ÉDOUARD GRENIER, illustré par KAULBACH. — 1 volume grand in-8°. Prix : broché 10 fr.; demi-reliure chagrin, plat toile, doré sur tranches. Prix : 15 fr.

CONTES BRABANÇONS

Par CHARLES DE COSTER, illustrés par MM. DE GROUX, DE SCHAMPHELEER, DURWÉE, FÉLICIEN ROPS, VAN CAMP et OTTO VON THOREN, grav. par WILLIAM BROWN — 1 beau vol. in-8°.   Prix : 5 fr.

LE 101e RÉGIMENT

Par JULES NORIAC. — 1 volume grand in-16, illustré de 84 dessins. — Prix : 4 fr. 50.

CONTES D'UN VIEIL ENFANT

Par FEUILLET DE CONCHES, 2e édition. Ouvrage imprimé avec le plus grand soin, illustré de 35 gravures sur bois. — 1 vol. grand in-8 jésus, papier de choix, glacé et satiné. Prix : broché, 8 fr. — Richement relié, tranche dorée.   Prix : 12 fr.

SCÈNES DU JEUNE AGE

Par Mme SOPHIE GAY, illustrées de 12 belles gravures exécutées avec le plus grand soin.—1 vol. grand in-8 de plus de 500 pages. Prix : 6 fr.—Id., gravures coloriées : 8 fr.—Relié en toile mosaïque, riche plaque, tranche dorée : 10 fr.—Relié en demi-chagrin, plats en toile, tranche dorée. **Prix : 10 fr.**

LES AVENTURES DU CHEVALIER JAUFFRE ET DE LA BELLE BRUNISSENDE

Par MARY LAFON, ouvrage splendidement illustré de 20 gravures sur bois tirées à part et dessinées par GUSTAVE DORÉ.—1 vol. grand in-8 jésus, papier glacé satiné. Prix : 7 fr. 50.—Relié en toile mosaïque, riche plaque, tranche dorée : 12 fr.—Relié en demi-chagrin, plats en toile, tranche dorée. **Prix : 12 fr.**

LE BOIS DE BOULOGNE

Par E. GOURDON. Magnifique volume in-8, illustré de 16 gravures hors-texte, par E. MORIN. Prix : 10 fr.—Relié, doré sur tranche. **Prix : 15 fr.**

LA CHASSE AU LION

Par JULES GÉRARD (le Tueur de lions). Ornée de 11 belles gravures et d'un portrait dessinés par GUSTAVE DORÉ.—1 vol. grand in-8 jésus. Prix, broché : 7 fr. 50.—Relié en toile mosaïque, riche plaque spéciale, tranche dorée : 12 fr.—Relié en demi-chagrin, plats toile, tranche dorée. **Prix : 12 fr.**

CONTES D'UNE VIEILLE FILLE A SES NEVEUX

Par Mme ÉMILE DE GIRARDIN. Ilustrés de 14 belles gravures.—1 vol. grand in-8 de plus de 500 pages. Prix, broché : 6 fr.—Id. avec gravures coloriées : 8 fr.—Relié en toile mosaïque, riche plaque, tranche dorée : 10 fr.—Relié demi-chagrin, plats en toile, tranche dorée. **Prix : 10 fr.**

FIERABRAS

Par MARY LAFON. Ouvrage imprimé avec le plus grand soin, illustré de 12 gravures sur bois tirées hors texte, dessinées par GUSTAVE DORÉ, et gravées par des artistes anglais.—1 volume grand in-8 jésus, papier de choix, glacé et satiné. Prix, broché : 7 fr. 50 c.—Relié demi-chagrin, plats en toile, tranche dorée. **Prix : 12 fr.**

LE ROYAUME DES ENFANTS, SCÈNES DE LA VIE DE FAMILLE

Par Mme MOLINOS-LAFFITTE. Illustré de 12 belles gravures par FATH.—Un volume grand in-8 de plus de 300 pages. Prix : 6 fr.—Id. avec gravures coloriées : 8 fr.—Relié en toile mosaïque, riche plaque, tranche dorée : 10 fr.—Relié demi-chagrin, plats en toile, tranche dorée. **Prix : 10 fr.**

LA DAME DE BOURBON

Par MARY LAFON.—1 volume grand in-16, illustré de 45 dessins.—Prix : 5 fr.

NADAR JURY AU SALON DE 1857

1,000 COMPTES RENDUS.—150 DESSINS.—**Prix : 1 fr.**

ALBUMS COMIQUES DE CHAM

Chaque Album, avec une jolie couverture gravée, contient 60 dessins d'Actualités.

Prix de chaque Album : 1 franc.

Salmigondis.—Macédoine.—Salon de 1857.—Saison des Eaux.—Nouvelles pochades.—Croquis de printemps.—Ces bons Chinois.—Les Charges parisiennes. Cours de géométrie.—Nouvelles fariboles.—Souvenirs comiques—Chasses et courses.—Les Kaiserlicks.—Revue du Salon de 1855.—Olla Podrida.—Emotions de chasse.—L'Age d'argent.—Paris s'amuse.—Folies parisiennes.—Un peu de tout. Fariboles.—Parisiens et Parisiennes.—Croquis variés.—L'Arithmétique illustrée. —Paris l'hiver.—Croquis d'automne.—Ces bons Parisiens.—Nouveaux Croquis de chasse.—La Bourse illustrée.—Le Bal masqué.—Le Calendrier.—Croquis militaires.—Les Chinoiseries.—Encore un Album.—Les Français en Chine.— Ces jolis messieurs et ces charmantes petites dames.

LES GRANDES USINES DE FRANCE

Par TURGAN. — *Les grandes Usines de France* paraissent en livraisons de 16 pages grand in-8, ornées de belles gravures et de dessins explicatifs, contenant, imprimée avec luxe sur beau papier satiné, l'histoire et la description d'une des grandes usines de France, ainsi que l'explication détaillée de l'industrie qu'elle représente.

Le 1er VOLUME, entièrement terminé et broché, renfermant 82 belles gravures, comprend :

LES GOBELINS (3 livraisons).—1re partie : Histoire.—2e partie : Teinture.—3e partie : Tapisserie et Tapis.

LES MOULINS DE SAINT-MAUR (1 livraison).

L'IMPRIMERIE IMPÉRIALE (4 livraisons).—Fabrication des caractères, gravure, fonderie, presses, etc.

L'USINE DES BOUGIES DE CLICHY (1 livraison).—Fonderie de suif, stéarinerie, savonnerie, bougie décorée.

LA PAPETERIE D'ESSONNE (4 livraisons).—Historique, commerce de chiffons, triage, lessivage, blanchiment, défilage, raffinage, collage, machines.

SÈVRES (4 liv.). — Historique, poteries anciennes, faïences, origines de la porcelaine en Chine et en France, matières premières, fabrication, encastage, fours, décoration.

L'ORFÉVRERIE CHRISTOFLE (5 livraisons).—Historique, argenture, dorure, galvanoplastie, orfévrerie, bronze d'aluminium.

On recevra ce volume broché *franco*, par la poste, en envoyant un mandat de 12 fr. — Relié avec tranche dorée : 17 francs.

Les 20 livraisons devant former la deuxième série contiendront, entre autres publications intéressantes : les établissements Derosne et Cail, — la Monnaie, — Saint-Gobain, — la Poudrerie du Bouchet, — la Manufacture des Tabacs, — Savonneries, Fonderies, Filatures, Fermes modèles, etc., etc.

Prix d'une livraison : 60 centimes.

En envoyant 12 francs, soit en un mandat, soit en timbres, on recevra *franco*, en France et en Algérie, les 20 livraisons composant cette deuxième série, au fur et à mesure de la publication ; avec la vingtième livraison, il sera adressé aux abonnés un titre et une couverture, servant à réunir les livraisons en un magnifique volume. La 36me livraison (16me du 2me volume) est en vente.

OEUVRES NOUVELLES DE GAVARNI

10 MAGNIFIQUES ALBUM IN-FOLIO LITHOGRAPHIÉS IMPRIMÉS AVEC LE PLUS GRAND SOIN
PAR LEMERCIER

I. — LES PARTAGEUSES, 40 lithographies. — Broché.	16	22 fr.
Reliure toile mosaïque, riche plaque, tranche dorée.	6	
II. — LES MARIS ME FONT TOUJOURS RIRE, 30 lithographies.	12	18 fr.
Reliure toile mosaïque, riche plaque, tranche dorée.	6	
III. — LES LORETTES VIEILLIES, 30 lithographies. — Broché.	12	18 fr.
Reliure toile mosaïque, riche plaque, tranche dorée.	6	
IV. — LES INVALIDES DU SENTIMENT, 30 lithographies.	12	18 fr.
Reliure toile mosaïque, riche plaque, tranche dorée.	6	
V. — HISTOIRE DE POLITIQUER, 30 lithographies. — Broché.	12	18 fr.
Reliure toile mosaïque, riche plaque, tranche dorée.	6	
VI. — LES PARENTS TERRIBLES, 20 lithographies. — Broché.	8	18 fr.
PIANO, 10 lithographies. — Broché.	4	
Reliure toile mosaïque, riche plaque, tranche dorée.	6	
VII. — LES BOHÉMES, 20 lithographies. — Broché	8	18 fr.
ÉTUDES D'ANDROGYNES, 10 lithographies. — Broché.	4	
Reliure toile mosaïque, riche plaque, tranche dorée.	6	
VIII. — LES ANGLAIS CHEZ EUX, 20 lithographies. — Broché.	8	18 fr.
MANIÈRE DE VOIR DES VOYAGEURS, 10 lithographies.	4	
Reliure toile mosaïque, riche plaque, tranche dorée.	6	
IX. — LES PROPOS DE THOMAS VIRELOQUE, 20 lithog. — Broché.	8	22 fr.
HISTOIRE D'EN DIRE DEUX, 10 lithographies. — Broché.	4	
LES PETITS MORDENT, 10 lithographies. — Broché.	4	
Reliure toile mosaïque, riche plaque, tranche dorée.	6	
X. — LE MANTEAU D'ARLEQUIN, 40 lithographies. — Broché.	4	18 fr.
LA FOIRE AUX AMOURS, 10 lithographies. — Broché.	4	
L'ÉCOLE DES PIERROTS, 10 lithographies. — Broché.	4	
Reliure toile mosaïque, riche plaque, tranche dorée.	6	

CE QUI SE FAIT DANS LES MEILLEURES SOCIÉTÉS, 10 lithograph. — Broché.   4 fr.
MESSIEURS DU FEUILLETON, 9 lithographies.   4 fr.

Outre les séries ci-dessus réunies comme reliure, chaque album broché, de 10 lithographies se vend séparément 4 fr.

CHANSONS POPULAIRES DES PROVINCES DE FRANCE

Notice par CHAMPFLEURY, avec accompagnement de piano par J.-B. WEKERLIN. — Illustrations par MM. BIDA, BRAQUEMOND, CATENACCI, COURBET, FAIVRE, FLAMENG, FRANÇAIS, FATH, HANOTEAU, CH. JACQUE, ED. MORIN, M. SAND, STAAL, VILLEVIEILLE.

Un Magnifique volume grand in-4, illustré. — **Prix : 12 fr.**

Les *Chansons populaires des Provinces de la France* sont divisées en trente livraisons, dont chacune forme un tout complet et contient les chansons d'une province, elles se vendent séparément.

Prix de chaque livraison : 50 centimes.

1re *liv.* PICARDIE. — La Belle est au jardin d'amour. — La Ballade de Jésus-Christ. — Le Bouquet de ma mie.

2e *liv.* FLANDRE. — La Fête de Sainte-Anne. — Le Hareng saur. — Le Messager d'amour.

5e *liv.* ALSACE. — Le Jardin. — Le Diablotin. — La Chanson du hanneton.

4e *liv.* LANGUEDOC. — Romance de Clotilde. — Joli Dragon. — Dans un jardin couvert de fleurs.

5e *liv.* NORMANDIE. — En revenant des noces. — Le Moulin. — Ronde du pays de Caux.

6e *liv.* BOURGOGNE. — J'avais un' ros' nouvelle. — Eho ! Eho ! Eho ! — Voici venu le mois des fleurs.

7e *liv.* BERRY. — La voila, la jolie coupe. — J'ai demandé-z-à la vieille. — Petit soldat de guerre.

8e *liv.* GUYENNE et GASCOGNE. — Michaut veillait. — La Fille du président. — Dès le matin.

9e *liv.* AUVERGNE. — Bourrées de Chap-des-Beaufort. — Quand Marion s'en va-t-à l'ou. — Bourrée d'Ambert.

10e *liv.* SAINTONGE, ANGOUMOIS et PAYS D'AUNIS. — La Femme du roulier. — La petite Rosette. — La Maîtress' du roi céans.

11e *liv.* FRANCHE-COMTÉ. — Au bois rossignolet. — Les trois princesses. — Paysan, donn'-moi ta fille.

12e *liv.* BOURBONNAIS. — Mon père a fait bâtir Château. — Jolie fille de la garde. — Derrièr' chez nous.

15e *liv.* BÉARN. — Belle, quelle souffrance — Pauvre brebis. — Cantique antounât par Jeanne d'Albret.

14e *liv.* POITOU. — Nous somm's venus vous voir. — La v'nu' du mois de mai. — C'est aujourd'hui la foire.

15e *liv.* TOURAINE, MAINE et PERCHE. — La verdi, la verdon. — La Violette. — Su' l'pont du nord.

16e *liv.* NIVERNAIS. — Lorsque j'étais petite. — Quand j'étais vers chez mon père. — J'étions trois capitaines.

17e *liv.* LIMOUSIN et MARCHE. — Pourquoi me faire ainsi la mine ? — Les scieurs de long. — Quoiqu'en Auvergne.

18e *liv.* ANJOU. — Nous sommes trois souverains princes. — La chanson du Rémouleur. — N'y a rien d'aussi charmant.

19e *liv.* DAUPHINÉ. — J'entends chanter ma mie. — La Pernette. — La Fille du général de France.

20e *liv.* BRETAGNE. — A Nant's, à Nant's est arrivé. — Rossignolet des bois. — Ronde des filles de Quimperlé.

21e *liv.* LORRAINE. — J'y ai planté rosier. — Mon père m'envoie-t-à l'herbe. — Le Rosier d'argent.

22e *liv.* LYONNAIS. — Belle, allons nous épromener. — Nous étions dix filles dans un pré. — Pingo les noix.

25e *liv.* ORLÉANAIS. — Les Filles de Cernois. — Le Piocheur de terre. — Les Cloches.

24e *liv.* PROVENCE et COMTAT D'AVIGNON. — Sur la montagne, ma mère. — Sirvente contre Guy. — Bonhomme, bonhomme.

25e *liv.* ILE DE FRANCE. — Germine. — Chanson de l'aveine. — Si le roi m'avait donné.

26e *liv.* ROUSSILLON. — J'ai tant pleuré. — Le changement de garnison. — En revenant de Saint-Alban.

27e *liv.* CHAMPAGNE. — Cécilia. — Sur le bord de l'île. — C'est le jour du gigotiau.

28e et 29e *liv.* PRÉFACE

50e *liv.* TITRE, FRONTISPICE, TABLES et COUVERTURE.

GÉOGRAPHIE NOUVELLE

Par SAGANSAN, Géographe de S. M. l'Empereur et de l'Administration des Postes

---

CARTE DES ÉTATS DE L'EUROPE ET DES PAYS CIRCONVOISINS

Indiquant les Chemins de fer, les principales Routes, les subdivisions des Etats et les Colonies militaires russes. — Deux feuilles grand-monde coloriées. Prix : 10 fr. — Collée sur toile, en étui : 14 fr. — Collée sur toile, à baguettes.   Prix : 17 fr.

CARTE DES POSTES DE L'EMPIRE FRANÇAIS

Indiquant : Chemins de fer avec les Stations, Routes, Chemins de grande communication, Canaux, Rivières, Bureaux de poste, Relais avec les distances intermédiaires en chiffres. — Deux feuilles grand-monde. Prix : 6 fr. — Collée sur toile, en étui : 10 fr. — Collée sur toile, à baguettes.   Prix : 14 fr.

CARTE DES CHEMINS DE FER
ET AUTRES VOIES DE COMMUNICATION DE L'EMPIRE FRANÇAIS

Adoptée par les Compagnies de chemins de fer et agréée par Son Excellence le maréchal de France ministre de la guerre, pour servir aux transports de la guerre. — Double feuille grand-monde. Prix : 6 fr. — Collée sur toile, en étui : 10 fr. — Collée sur toile, à baguettes.   Prix : 14 fr.

PETITE CARTE DES CHEMINS DE FER
ET DES VOIES NAVIGABLES DE L'EMPIRE FRANÇAIS

Prix : 2 fr.

PLAN DE PARIS

Comprenant l'ancien Paris et les communes ou portions de communes annexées. (Loi du 16 juin 1860). — Prix en feuille, avec livret : 4 fr. — Cartonné : 5 fr. — Entoilé, avec étui : 7 fr. — Sur rouleaux :   Prix : 11 fr.

CARTE DES CHEMINS DE FER
ET DE LA TÉLÉGRAPHIE ÉLECTRIQUE DE L'EMPIRE FRANÇAIS

Indiquant le nom de toutes les stations et les bureaux télégraphiques avec le prix de chaque dépêche. — Une feuille coloriée.   Prix : 2 fr.

L'EUROPE DE 1760 A 1860

Carte figurative et chronologique des acquisitions et mutations territoriales faites par les cinq grandes puissances, et accompagnée d'une légende indiquant la date et l'origine des possessions coloniales.   Prix : 1 fr.

MUSÉE LITTÉRAIRE CONTEMPORAIN
CHOIX DES MEILLEURS OUVRAGES DES AUTEURS MODERNES
10 Centimes la Livraison. — Format in-4° à 2 colonnes

ROGER DE BEAUVOIR fr. c.

LE CHEVALIER DE ST-GEORGES.	1 vol.	» 90
LE CHEVALIER DE CHARNY . . .	—	» 90

CHARLES DE BERNARD

UN ACTE DE VERTU ET LA PEINE DU TALION	—	» 50
L'ANNEAU D'ARGENT	—	» 50
UNE AVENTURE DE MAGISTRAT .	—	» 30
LA CINQUANTAINE	—	» 50
LA FEMME DE QUARANTE ANS .	—	» 50
LE GENDRE	—	» 50
L'INNOCENCE D'UN FORÇAT . .	—	» 50
LE PERSÉCUTEUR	—	» 30

CHAMPFLEURY

LES GRANDS HOMMES DU RUISSEAU	—	» 60

LA COMTESSE DASH

LES GALANTERIES DE LA COUR DE LOUIS XV	—	5 »
LA RÉGENCE	—	» 90
LA JEUNESSE DE LOUIS XV . .	—	» 90
LES MAITRESSES DU ROI . . .	—	» 90
LE PARC AUX CERFS	—	» 90

ALEXANDRE DUMAS

ACTÉ	—	» 90
AMAURY	—	» 90
ANGE PITOU	—	1 80
ASCANIO	—	1 50
AVENTURES DE JOHN DAVYS . .	—	1 80
LE BATARD DE MAULÉON . .	—	2 »
LE CAPITAINE PAUL	—	» 70
LE CAPITAINE RICHARD	—	» 90
CATHERINE BLUM	—	» 70
CAUSERIES.—LES TROIS DAMES	—	1 30
CÉCILE	—	» 90
CHARLES LE TÉMÉRAIRE . . .	—	1 50
LE CHATEAU D'EPPSTEIN . . .	—	1 50
LE CHEVALIER D'HARMENTAL .	—	1 50
LE CHEVALIER DE MAISON-ROUGE	—	1 50
LE COLLIER DE LA REINE . . .	—	2 50
LA COLOMBE. — MURAT . . .	—	» 50
LES COMPAGNONS DE JÉHU . .	—	1 80
LE COMTE DE MONTE-CRISTO .	—	4 »
LA COMTESSE DE CHARNY . . .	—	4 50
LA COMTESSE DE SALISBURY . .	—	4 50
CONSCIENCE L'INNOCENT . . .	—	1 30
LA DAME DE MONSOREAU . .	—	2 50
LES DEUX DIANE	—	2 20
LES DRAMES DE LA MER	—	» 70
LA FEMME AU COLLIER DE VE-LOURS	—	» 70
FERNANDE	—	» 90
UNE FILLE DU RÉGENT	—	» 90
LES FRÈRES CORSES	—	» 60
GABRIEL LAMBERT	—	» 70
GAULE ET FRANCE	—	» 90
GEORGES	—	» 90

ALEXANDRE DUMAS (*Suite*) fr. c.

LA GUERRE DES FEMMES	—	1 65
L'HOROSCOPE	—	» 90
IMPRESSIONS DE VOYAGE.		
UNE ANNÉE A FLORENCE . .	1 vol.	» 90
L'ARABIE HEUREUSE	—	2 10
LES BALEINIERS	—	1 30
LES BORDS DU RHIN	—	1 30
LE CAPITAINE ARÉNA	—	» 90
LE CORRICOLO	—	1 65
DE PARIS A CADIX	—	1 65
EN SUISSE	—	2 20
UN GIL-BLAS EN CALIFORNIE .	—	» 70
LE MIDI DE LA FRANCE . . .	—	1 30
QUINZE JOURS AU SINAÏ . . .	—	» 90
LE SPÉRONARE	—	1 50
LE VÉLOCE	—	1 65
LA VIE AU DÉSERT	—	1 30
LA VILLA PALMIERI	—	» 90
INGÉNUE	—	1 80
ISABEL DE BAVIÈRE	—	1 30
JEANNE LA PUCELLE	—	» 90
LA JEUNESSE DE Mme DU DEFFAND	—	2 »
LES LOUVES DE MACHECOUL . .	—	2 50
LA MAISON DE GLACE	—	1 50
LE MAITRE D'ARMES	—	» 90
LES MARIAGES DU PÈRE OLIFUS	—	» 70
LES MÉDICIS	—	» 70
MÉMOIRES DE GARIBALDI. (Complet)	—	1 30
1re série. (Séparément)	—	» 70
2e série. (—)	—	» 70
MÉMOIRES D'UN MÉDECIN —JOSEPH BALSAMO . . .	—	4 »
LES MILLE ET UN FANTÔMES . .	—	» 70
LES MOHICANS DE PARIS . . .	—	3 60
LES MORTS VONT VITE	—	1 50
NOUVELLES	—	» 50
OLYMPE DE CLÈVES	—	2 60
OTHON L'ARCHER	—	» 50
PASCAL BRUNO	—	» 50
LE PASTEUR D'ASHBOURN . . .	—	1 80
PAULINE	—	» 50
LE PÈRE GIGOGNE	—	1 50
LE PÈRE LA RUINE	—	» 90
LES QUARANTE-CINQ	—	2 50
LA REINE MARGOT	—	1 65
LA ROUTE DE VARENNES . . .	—	» 70
EL SALTÉADOR	—	» 70
SOUVENIRS D'ANTONY	—	» 90
SYLVANDIRE	—	» 90
LE TESTAMENT DE M. CHAU-VELIN	—	» 70
LES TROIS MOUSQUETAIRES . .	—	1 65
LA TULIPE NOIRE	—	» 90
LE VICOMTE DE BRAGELONNE .	—	4 75
UNE VIE D'ARTISTE	—	» 70
VINGT ANS APRÈS	—	2 20

ALEXANDRE DUMAS FILS

CÉSARINE	—	» 50
LA DAME AUX CAMÉLIAS	—	» 90

PAUL FÉVAL

	fr. c.
UN PAQUET DE LETTRES	— » 50
LE PRIX DE PIGEONS	— » 50
LES AMOURS DE PARIS	1 vol. 1 50
LE BOSSU OU LE PETIT PARISIEN	— 2 50
LE FILS DU DIABLE	— 3 »
LES MYSTÈRES DE LONDRES	— 3 »
LE TUEUR DE TIGRES	— » 70

THÉOPHILE GAUTIER

CONSTANTINOPLE	— » 90

Mme ÉMILE DE GIRARDIN

MARGUERITE OU DEUX AMOURS	— » 90

LÉON GOZLAN

LE MÉDECIN DU PECQ	— » 90
LES NUITS DU PÈRE-LACHAISE	— » 90

CHARLES HUGO

LA BOHÈME DORÉE	— 1 50

ALPHONSE KARR

FORT EN THÈME	— » 70
LA PÉNÉLOPE NORMANDE	— » 90
SOUS LES TILLEULS	— » 90

A. DE LAMARTINE

LES CONFIDENCES	— » 90
L'ENFANCE	— » 50
GENEVIÈVE, histoire d'une Servante	— » 70
GRAZIELLA	— » 60
HISTOIRE ET POÉSIE	— » 50
LA JEUNESSE	— » 60
RÉGINA	— » 50
LA VIE DE FAMILLE	— » 50

LE DOCTEUR FÉLIX MAYNARD

L'INSURRECTION DE L'INDE De Delhi à Cawnpore	— » 70

MÉRY

UN ACTE DE DÉSESPOIR	— » 50
LE BONHEUR D'UN MILLIONNAIRE	— » 50
LE CHATEAU DES TROIS TOURS	— » 70
LE CHATEAU D'UDOLPHE	— » 50
UNE CONSPIRATION AU LOUVRE	— » 70
LE DIAMANT A MILLE FACETTES	— » 60
LES NUITS ANGLAISES	— » 90
LES NUITS ITALIENNES	— » 90
SIMPLE HISTOIRE	— » 75

HENRY MURGER

LES AMOURS D'OLIVIER	— » 30
LE BONHOMME JADIS	— » 30
MADAME OLYMPE	— » 30
LA MAITRESSE AUX MAINS ROUGES	— » 50
LE MANCHON DE FRANCINE	— » 30
SCÈNES DE LA VIE DE BOHÈME	— » 90
LE SOUPER DES FUNÉRAILLES	— » 50

JULES SANDEAU

SACS ET PARCHEMINS	— » 90

EUGÈNE SCRIBE

CARLO BROSCHI	— » 50
JUDITH OU LA LOGE D'OPÉRA	— » 50
LA MAITRESSE ANONYME	— » 30
PROVERBES	— » 70

ALBÉRIC SECOND

	fr.
LA JEUNESSE DORÉE	1 vol. »

FRÉDÉRIC SOULIÉ

AU JOUR LE JOUR	— » 7
LES AVENTURES DE SATURNIN FICHET	— 1 5
LE BANANIER	— » 5
LA COMTESSE DE MONRION	— » 7
CONFESSION GÉNÉRALE	— 1 8
LES DEUX CADAVRES	— » 7
LES DRAMES INCONNUS	— 2 5
LA MAISON N° 3, RUE DE PROVENCE	— » 7
LES AVENTURES D'UN CADET DE FAMILLE	— » 7
LES AMOURS DE VICTOR BONSENNE	— » 7
OLIVIER DUHAMEL	— » 7
EULALIE PONTOIS	— » 7
LES FORGERONS	— » »
HUIT JOURS AU CHATEAU	— » 7
LE LION AMOUREUX	— » 7
LA LIONNE	— » 7
LE MAITRE D'ÉCOLE	— » 5
MARGUERITE	— » 5
LES MÉMOIRES DU DIABLE	— 2 5
LES QUATRE NAPOLITAINES	— 1 50
LES QUATRE SŒURS	— » 50
SI JEUNESSE SAVAIT, SI VIEILLESSE POUVAIT	— 1 50
LE VEAU D'OR	— 2 40

ÉMILE SOUVESTRE

DEUX MISÈRES	— » 90
L'HOMME ET L'ARGENT	— » 70
JEAN PLEBEAU	— » 50
PIERRE LANDAIS	— » 50
LES RÉPROUVÉS ET LES ÉLUS	— 1 50
SOUVENIRS D'UN BAS-BRETON	— 1 50

EUGÈNE SUE

LES SEPT PÉCHÉS CAPITAUX	— 5 »
L'ORGUEIL	— 1 50
L'ENVIE	— » 90
LA COLÈRE	— » 70
LA LUXURE	— » 70
LA PARESSE	— » 50
L'AVARICE	— » 50
LA GOURMANDISE	— » 90
LES ENFANTS DE L'AMOUR	— » 90
LA BONNE AVENTURE	— 1 50
GILBERT ET GILBERTE	— 2 70
LE DIABLE MÉDECIN	— 2 70
LA FEMME SÉPARÉE DE CORPS ET DE BIENS	— » 90
LA GRANDE DAME	— » 50
LA LORETTE	— » 50
LA FEMME DE LETTRES	— » 90
LA BELLE FILLE	— » 50
LES MÉMOIRES D'UN MARI	— 2 70
UN MARIAGE DE CONVENANCES	— 1 50
UN MARIAGE D'ARGENT	— » 90
UN MARIAGE D'INCLINATION	— » 50
LES SECRETS DE L'OREILLER	— 2 40
LES FILS DE FAMILLE	— 2 70

VALOIS DE FORVILLE

LE CONSCRIT DE L'AN VIII	— » 90

BROCHURES DIVERSES

L'UNIVERS ILLUSTRÉ

RECUEIL HEBDOMADAIRE PARAISSANT TOUS LES SAMEDIS

Chaque numéro contient 8 pages format in-folio (4 de texte et 4 de gravures)

PRIX : 20 CENTIMES LE NUMÉRO

ABONNEMENT : UN AN, 10 FR. — SIX MOIS, 6 FR.

— Pour plus de détails, faire demander le prospectus. —

LE JOURNAL DU DIMANCHE

LITTÉRATURE — HISTOIRE — VOYAGES — MUSIQUE

8 vol. sont en vente. Chaque vol. format in-4, orné de 104 gravures.   Prix : 3 fr.

LE JOURNAL DU JEUDI

LITTÉRATURE — HISTOIRE — VOYAGES

3 vol. sont en vente. Chaque vol. format in-4, orné de 104 gravures.   Prix : 3 fr.

LES BONS ROMANS, Chefs-d'œuvre de la Littérature contemporaine

Par VICTOR HUGO, ALEXANDRE DUMAS, GEORGE SAND, LAMARTINE, ALFRED DE MUSSET, EUGÈNE SUE, FRÉDÉRIC SOULIÉ, ALPHONSE KARR, CH. DE BERNARD, ALEXANDRE DUMAS FILS, HENRY MURGER, HENRI CONSCIENCE, PAUL FÉVAL, ÉMILE SOUVESTRE, etc., etc. — 3 vol. sont en vente. Chaque volume, format in-4, orné de 104 gravures.   Prix : 3 fr.

DICTIONNAIRE FRANÇAIS ILLUSTRÉ

ET ENCYCLOPÉDIE UNIVERSELLE

Ouvrage qui peut tenir lieu de tous les vocabulaires et de toutes les encyclopédies

ENRICHI DE 20,000 FIGURES GRAVÉES SUR CUIVRE PAR LES MEILLEURS ARTISTES

Dirigé par **B. DUPINEY DE VOREPIERRE**,

Et rédigé par une Société de Savants et de Gens de lettres

160 livraisons à 50 centimes ; 128 livraisons sont en vente. — Chaque livraison est composée de deux feuilles de texte, et contient la matière d'un volume in-8 ordinaire. — L'ouvrage, composé en caractères entièrement neufs et imprimé sur papier de luxe, formera 2 magnifiques volumes in-4. — Chaque volume aura au moins 1,000 pages.

DICTIONNAIRE DE LA CONVERSATION

ET DE LA LECTURE

INVENTAIRE RAISONNÉ DES NOTIONS GÉNÉRALES LES PLUS INDISPENSABLES A TOUS

PAR

UNE SOCIÉTÉ DE SAVANTS ET DE GENS DE LETTRES

Deuxième Édition

Entièrement refondue, corrigée et augmentée de plusieurs milliers d'articles tous d'actualité.

16 volumes grand in-8°. — 200 francs.

NOUVEAU DICTIONNAIRE UNIVERSEL

DE LA LANGUE FRANÇAISE

Rédigé d'après les travaux et les mémoires des Membres des cinq classes de l'Institut

Par M. P. POITEVIN

Auteur du Cours théorique et pratique de langue française adopté par l'Université.

2 forts volumes in-4. — Prix : 40 francs.

PARIS. — IMPRIMERIE DE A. WITTERSHEIM, RUE MONTMORENCY, 8.